Davids 2. Salme

Forklart av Martin Luther

Prediken år 1532

Forlag: BoD · Books on Demand, Postboks 354 Sentrum, 0101 Oslo, bod@bod.no

Trykk: Libri Plureos GmbH, Friedensallee 273, 22763 Hamburg, Tyskland

ISBN: 978-82-845-1232-7

MARTIN LUTHERS INNLEDNING

Vi som tjener menigheten og har predike-embetet, er absolutt i en ring og fattig stilling i forhold til andre embeter, målt etter verdens målestokk. For vi blir vanligvis fiendtlig behandlet for vårt arbeid, mens andre blir godt belønnet og høyt aktet. Vi lider ikke bare hovmodig forakt, men til og med sult og nød. Vi registrerer dessuten at dyktige menn vender seg bort fra vårt embete av denne grunn og heller følger de kall som er mer lønnsomme og respekterte.

Men hvis du ser på denne sak på rett måte, er predikanten i en bedre posisjon enn alle lærere i andre profesjoner, uansett hvor elendig og foraktet han enn måtte være. For så ofte han utfører sin plikt, gjør han ikke bare sin neste en verdifull tjeneste, som er overlegen alle andre menneskers tjenester, uansett hvor dyrebare eller nyttige de måtte være; men han bringer også Gud i himmelen selv det mest behagelige offer og kalles i sannhet den aller-høyestes prest. For alt det en predikant gjør i menigheten, er knyttet til å spre kunnskap om Gud til menneskenes frelse.

Ved Guds nåde er vederstyggelighetene ved papistenes ugudelige offer blitt avskaffet, nemlig messen, som den forkastelige paven sammen med sine doktorer pryder med navnet «offer». Og den sanne gudstjenesten, nemlig forkynnelsen av Guds ord, er nå gjenopprettet. Gjennom den blir Gud i sannhet gjort kjent og æret. Derfor ønsker også jeg, som en av Guds mange prester, å ta opp og forklare den andre salmen. Jeg gjør ikke dette bare for å undervise dere og lære meg selv, men også for å bringe Gud et velbehagelig offer gjennom dette. For hvorfor skulle jeg ikke på denne måten tale om den gjerning som jeg utfører for Kristi menighets skyld, en gjerning som er befalt oss i det andre og tredje bud? For hvordan kan vi bruke Guds navn på en mer hellig måte enn ved å undervise oss selv og andre i Guds ord? Hvordan kan vi bruke tiden bedre og helligholde hviledagen bedre enn ved å lindre de uunngåelige og faktisk ekstremt alvorlige vanskeligheter i denne elendige tiden gjennom Skriftens trøst?

La oss derfor forene våre studier og arbeid - dere ved å høre og jeg ved å undervise. Vi skal utføre denne tjenesten for Gud, både slik vårt kall krever og slik Gud krever av oss, så troen blir stadfestet i oss og Guds herlighet blir forøkt, når vi på denne måten ransaker Guds ord. Dette er et offer som er velbehagelig for Gud. Med disse *våre leppers offergaver,* som profeten uttrykker det, Hos. 14.3, Heb. 13.15, er Han mer fornøyd enn med alle gjerninger, uansett hvor vanskelige eller kostbare de måtte være. Det er derfor passende at vi tar fatt på dette arbeid, som er så hellig, så nødvendig og så nyttig, med et glad sinn. For vi er sikre på at vi på denne måten ikke bare unngår å gjøre noe galt, men at vi også gjør det aller helligste arbeid, som vil bringe en sikker og evig frukt.

DAVIDS 2. SALME

1. Hvorfor larmer hedningene? Og hvorfor grunner folkene på det som fåfengt er?
2. Jordens konger reiser seg, og fyrster rådslår sammen mot Herren og mot hans salvede:
3. La oss sprenge deres bånd og kaste deres rep av oss!
4. Han som troner i himmelen, ler. Herren spotter dem.
5. Så taler han til dem i sin vrede, i sin store harme forferder han dem:
6. Det er jo jeg som har innsatt min konge på Sion, mitt hellige berg.
7. Jeg vil kunngjøre det som er fastsatt. Herren sa til meg: Du er min Sønn, jeg har født deg i dag!
8. Begjær av meg, så vil jeg gi deg hedningene til arv og jordens ender til eie.
9. Du skal knuse dem med jernstav, som en pottemakers leirkar skal du slå dem i stykker.
10. Og nå, dere konger! Gå viselig fram! La dere advare, dere herskere på jorden!
11. Tjen Herren med frykt, og juble med beven!
12. Kyss Sønnen, for at han ikke skal bli vred og dere gå til grunne på veien! For snart kunne hans vrede bli opptent. Salige er alle som tar sin tilflukt til ham.

MARTIN LUTHERS FORKLARING

Som vi kan lese i Apostlenes Gjerninger 4.24-28, var denne andre salmen den første bønnen og takksigelsen til Gud i menigheten i Det nye testamente. For når disiplene var samlet, sang de, lovpriste Gud og ba om at de i møte med så store farer og motstandernes store galskap, måtte holde motet oppe og forkynne Ordet med all glede og tillit. Dette avsnittet (ApG. 4.24-28) er et tilstrekkelig bevis på at denne salmen inneholder noe ekstraordinært. For apostlene var nylig blitt fylt av Den Hellige Ånd, og i sin første prøvelse eller lidelse griper de fatt i den, ber den, og på denne måten både trøster og styrker de seg mot all makt fra sine fiender. Begge deler er absolutt nødvendige for oss i disse siste dager, da vi for Guds Ords skyld blir angrepet av djevelen og verden, med makt og bedrag, med forskjellige krenkelser og all slags ondskap.

Det er dessuten en profetisk salme, hvor også vi skal prise Gud. Sammen med apostlene skal vi be mot verdens raseri. Da skal vi visselig sammen med apostlene få den trøsten, som han rikelig lover og beskriver her med fine ord og tanker. For David behandler dette emnet for å kunne trøste og undervise menigheten om utbredelsen av Kristi rike på tross av verdens og *luftens makter*, Ef. 2.2. Derfor tjener det særlig til å bekrefte artikkelen om Det nye testamente eller Kristi rike, nemlig at det skulle være et åndelig rike, at Kristus er en evig konge som ikke skulle ha noen etterfølger, at han også er en prest som underviser menigheten, og som virkelig er Gud av natur og bringer oss evig rettferdighet og visdom.

Når alt dette blir forklart, er det full av trøst. Likevel viser profeten at dette riket ser ut til å være så svakt at man kunne tro at det ville falle når som helst. For det har ikke noe synlig fundament eller styrke, slik verdens riker har, som er avhengige av makt, rikdom, befolkningstall eller utstrekning av sine territorier. Dette riket, som mangler alle disse forsvarsverker og fundamenter, klamrer seg til det enkle Ordet som en vanndråpe klamrer seg til en liten mugge. Denne salmen inneholder omtrent alt dette. Den er derfor nyttig for å undervise menigheten slik at vi kan lære om alle omstendighetene i dette riket, hva slags konge Kristus er, når, hvor og hvordan han vil regjere sitt rike, hvilke ting som er i harmoni med dette riket og hvilke ting som er i strid med det, hva fruktene eller virkningene av det er, hvordan det ser ut for verden og hvordan det ser ut for Gud og i Ånden. De som kjenner disse fakta, har en sikker og sann oppfatning av dette riket.

Det kan derfor tjene som en trøst også for oss. For vi blir på forhånd advart om at djevelen og verden vil motsette seg dette riket. Alt som er høyt verdsatt i verden, enten det er pga. innbilt hellighet eller pga. eminent visdom, alt dette, sier profeten, vil ved felles råd angripe riket. Men du vil spørre: «Vil ikke disse advarslene snarere skremme enn trøste?» På ingen måte. For tanken er lagt til at djevelen og verden med all sin makt og kraft ikke kan oppnå noe annet enn å få Gud til å le og til slutt vekke en så stor harme i Ham at de må gå til grunne fordi de motarbeider dette riket. Å vite dette er nyttig og trøsterikt og hører med til en riktig oppfatning av dette riket, for at vi ikke skal bli fortvilet og motløse av de krenkelser som dette riket blir angrepet med.

I vår tid hadde evangeliet til å begynne med stor fremgang; for i likhet med apostlene før de ble undervist av Den Hellige Ånd om dette riket, håpet alle at denne læren ville bringe politisk frihet og et fredelig liv. Men så begynte Müntzer, som var drevet av en opprørsk ånd, først å skape omveltninger, og Karlstadt, Zwingli og andre fanatiske lærere forstyrret menighetene. Nå ble dette rikets sanne karakter tydelig, nemlig at det medførte uroligheter i kirken selv og opprør i staten, og til slutt den største svakhet, selv blant de hellige. Og når den eneste redning var å oppgi håpet om redning, som dikteren Vergil uttrykker det, dvs. når så mange store farer brøt inn fra alle kanter, da var det sannelig mange mennesker som, sønderknust i ånden, trakk seg tilbake og til og med begynte å hate evangeliet.

Hva annet var årsaken til denne ondskapen, enn at de ikke kjente til de sanne forholdene i Kristi rike? For det er av en slik art at det angripes fra alle kanter av djevelen og verden. De som ikke skjønner dette, vil falle fra i farer og fordømme evangeliet som en oppviglersk lære. For å styrke menneskenes sjel mot disse forargelser, skildrer David i denne salmen Kristi rike iht. alle dets omstendigheter. På retorisk vis fremhever han særlig det faktum at dette riket vil ha mange mektige motstandere. For han begynner der og sier:

1. Hvorfor larmer hedningene? Og hvorfor grunner folkene på det som fåfengt er?

Dette er en svært gripende innledning og en fantastisk treffende retorisk figur. For profeten er fylt av forundring og spør: «Hva er dette egentlig? Folkeslagene konspirerer, og hedningene legger planer og rådslår, ikke mot persernes konge, ikke mot tyrkerne, men mot *Herren*. Vil ikke disse anstrengelsene vise seg å være latterlige, dumme og tåpelige? La derfor ingen frykte, la ingen bli skremt av disse råd, hvis nettoresultat vil vise at de har vært forgjeves. For de er ikke rettet mot mennesker, slik det ser ut til, men mot Herren.» Slik leder han oss allerede i begynnelsen fra frykt til håp og trøster oss med at folkeslagene og nasjonene vil gå til grunne dersom de ikke gir opp disse planer, fordi de er rettet mot Gud og ikke mot mennesker.

Les papistenes skrifter, lytt til deres taler, og du vil finne at de støtter seg på dette ene argumentet, nemlig påstanden om at det ikke er kommet noe godt ut av vår undervisning og lære. For straks etter at vårt evangelium lød, fulgte bøndenes forferdelige opprør, det oppsto uenighet og sekter i kirken, disiplinen brøt sammen, og som om alle lovens begrensninger var opphevet, begynte alle å hengi seg til den største løssluppenhet. Dette er virkelig sant. For nå er det større frihet for alle laster enn det var i tidligere tider, da den vanlige folkemengden ble tvunget med frykt. Men nå er den som en tøyleløs hest og gjør alt etter eget forgodtbefinnende. For den forakter de kirkelige lenker som den tidligere ble tøylet med av pavedømmet, og utnytter til fulle at den verdslige øvrigheten slurver. Alle disse ulykkene, som på ingen måte er ubetydelige, tilskriver våre motstandere vår lære eller evangeliet.

Men utsett dommen en liten stund, og reflekter først mer nøye. Reduser argumentet til en dialektisk form, og vurder om dette er en logisk konklusjon: «Denne teologen er ond, derfor er teologi ondskap; denne juristen er verdiløs, derfor er kunnskap om loven også dårlig; denne lærer er en horkarl, derfor er faget han underviser i horeri.» Ville vi ikke kalle enhver, som forsvarte disse konklusjonene som gode og sunne, en galning? Likevel trekker motstanderne slutninger som ikke er klokere enn dette. Men hør på denne salmen som forutsier at når denne kongen begynner sitt rike, dvs. når han begynner å undervise, vil hedningenes larm følge; folkeslagenes sammensvergelser, kongenes slag og kriger, herskernes sammensvergelser og rådslagninger. Mot hvem? Mot Herren og hans Kristus. Derfor må dere styrke deres samvittighet og - formanet av Den Hellige Ånd i dette skriftstedet - forstå at verden vil komme i opprør. Men du må ikke legge skylden på denne kongen eller hans Ord, men heller på djevelen og den gudløse verden. Du må tvert imot bekrefte og erklære: «Selv om ondskap følger denne kongens lære, så er det likevel ikke læren som er ond av den grunn; men det er de menneskene som er imot den gode læren og ønsker den undertrykt, som er onde.» For det er en sann og logisk konklusjon at jo ivrigere verden motsetter seg denne hellige læren, desto mer ond og ugudelig er verden. Heller ikke bør læren bli svertet på grunn av menneskers feil. Jødene korsfester Kristus, skal vi derfor anklage Kristus, Læreren? Det er derfor nødvendig for oss å være godt befestet på forhånd og å si: «Hva er det for Gud, hva er det for hans Ord, hvis menneskene er onde? For dette er menneskers ufullkommenhet, ikke Guds, som nettopp derfor sender sin Sønn og sitt Ord for at menneskene skal bli frelst. Men hvis de ikke vil, går de fortapt pga. sin egen skyld. Kristus opphører ikke av den grunn å være Guds Sønn, og Gud forkaster ikke av den grunn ham som han har innsatt til konge over alle ting.»

Begynnelsen av denne salmen tjener derfor til å instruere oss om at når Guds rike eller Guds ord kommer, kommer det med opprør og raseri av konger og fyrster. Kristus viser årsaken til dette i evangeliet, Luk. 11.21-22, når han sier at djevelen som en velbevæpnet mann vokter sitt palass, men når en sterkere mann kommer uventet over ham, da raser han og prøver alt han kan, slik også historikerne viser. For så ofte som Kristus forsøker å drive ut Satan, hvilket raseri, hvor mange stormer opprører de besatte? For Satan hater Kristus, han hater hans Ord, og han ønsker ikke å vike for ham eller å gi plass til Ordet. Derfor, når Kristus presser seg tett på ham og driver ham hardt, blir han forarget og raser og prøver ut alle sine krefter. Han oppvigler konger og fyrster, paver og biskoper, borgere og bønder, slik at de motsetter seg Ordet.

Våre motstandere ser ikke dette og viser at de absolutt ikke kjenner Kristi rikes natur. De forstår bare verdens rike. Følgelig, når de ikke ser den fred i Kristi rike, som verdens riker ikke kan unnvære, så fordømmer og forkaster de både Ordet og Kristi rike, og foretrekker verdens riker. Men salmen lærer oss noe annet, nemlig at vi skal holde fast ved Kristi rike, selv om alle mennesker raser. For hva betyr det for oss? Vår fred er i sannhet hinsides dette opprør og står fast. Vår Konge forblir Konge, selv om helvetes porter og verden står ham imot.

Dette ser ikke verden og de som er rike på verdens visdom. Derfor kaller de oss bort fra denne Kongen og leder oss inn i deres tankegang, slik at vi også skal være opptatt av å bevare freden i verden. De som har dette synspunktet, tas med på råd og mener at menneskelig flid kan bevare freden. Men i sannhet er disse forsøk som verden gjør i den hensikt, forgjeves og tåpelige, fordi den ikke har noen kunnskap om dette riket. For likesom dere forgjeves anstrenger dere med deres rådslagninger om hvordan dere kan avverge djevelen, så han ikke kan reise seg mot Kristus, slik prøver dere også forgjeves å holde hans hender, øyne, tunger, føtter, det vil si verdens herskere og gudløse lærere, i tømme. For når Kristus så vidt begynner å åpne sin munn og mumle, da blir Satan rasende i alle sine lemmer, hans øyne gnistrer, hans hender og lidenskaper gløder. Han setter i bevegelse alt som har makt og rikdom i verden for å undertrykke Ordet.

Lær at dette er årsaken til at det også i vår tid har oppstått stridigheter og så mange ugudelige meninger i kirken, for Satan tåler ikke Ordet. Når Kristus nå tordner med sitt evangelium gjennom hele verden og avslører avgudsdyrkelse og pavelig vederstyggelighet, da burde Satan være stille og skjule en så stor skade på sitt rike. Vi så ham rase så grusomt da den hellige mannen Jan Hus på det sterkeste kritiserte visse etiske spørsmål. I motsetning til oss fordømte han ikke messeofferet, heller ikke fortjeneste eller andre ritualer. Han betvilte pavens forrang. Han hevdet at avlat ikke burde selges og han påviste andre misbruk, som ga mye penger. Likevel ble Satan så opphisset at han involverte både Tyskland og Böhmen i en lang og fryktelig krig.

Den Hellige Ånd underviser og trøster oss altså i denne salmen, slik at vi tappert klynger oss til denne Kongen og tenker mye mer på ham enn på opprør og andre forargelser. For det er et vilkår for hans rike at det ikke kan eksistere uten opprør. Men det er ikke dets egen skyld. Det skyldes at Satan og den gudløse verden ikke tåler denne Kongen. Lær dette, og når opprør svulmer opp, når hedningene larmer, folkene konspirerer, kongene reiser seg og herskerne rådslår sammen for å undertrykke denne Kongen, da vær ved godt mot, og la deg ikke påvirke av denne fare. For den andre salmen forutsa at det ville bli slik, at hele verden ville bli beveget når denne Kongen åpner sin munn.

At konger og herskere raser mot oss i vår tid, at Zwingli, Karlstadt og andre skaper uro i kirken, at borgere og bønder fordømmer evangeliet, er derfor ikke noe nytt eller uvanlig. Vi bør heller ikke av den grunn avvise evangeliet. Tvert imot bør vi takke

Herren, som har kalt oss til dette rike, som vi med rette foretrekker fremfor verdens fred og rikdom. For dets skyld bærer vi med glede alle de opprør og farer som også det følgende verset profeterer om:

2. Jordens konger reiser seg, og fyrster rådslår sammen mot Herren og mot hans salvede

Den Hellige Ånd nevner fire klasser av mennesker som motarbeider denne Kongen med felles råd. Den første er *jordens konger,*[1] eller monarkene, som utmerker seg i verdighet og makt. Den andre er *hedningene,* det vil si kongenes undersåtter. *Folkene* er folkeslagene. *Fyrster* er alle som er dyktige i råd og visdom og som utøver myndighet.[2] Hva utelot Den Hellige Ånd? Hvem ville ikke motarbeide dette riket? Makt, visdom, rikdom, rettferdighet, hellighet, er ekstraordinære gaver fra Gud. Likevel misbruker verden dem mot Guds rike. Dette er den verste ondskapen som finnes.

Men husk på at rikene ikke er fordømt, heller ikke herredømmene eller andre gode gaver. For det følger ikke av dette at selv om verdens riker kjemper mot Kristi rike, så er rikene onde i seg selv, like lite som det følger at jernet ikke var en god ting, selv om jernet ble brukt til å gjennombore Herrens side på korset. Men det må skilles mellom tingen og misbruket av den. Skapte ting er gode selv om de blir misbrukt. For misbruket kommer ikke fra tingen, men fra det fordervede sinnet. Lover, politisk rettferdighet, studier og kunst er gode ting iht. deres natur. Men misbruket av dem er ondt, fordi verden misbruker disse gavene imot Gud.

---

[1] I våre moderne demokratiske samfunn, som i de nordiske land er konstitusjonelt monarki, er *kongen* bare en tittel-innehaver uten reell makt. Luthers definisjoner i forklaringen viser at vi overalt må forstå begrepet *jordens konger* om helt <u>reelle makthavere,</u> dvs. presidenter, lovgivende forsamlinger osv. Altså mennesker som virkelig besitter og utøver reell makt. I land med enevelde, kan det selvfølgelig være kongen eller keiseren, slik som på Luthers tid, men i vår moderne tid må våre tanker gå til Stortinget, og tilsvarende institusjoner i andre land, når det tales om *jordens konger.*

[2] *Fyrster* eller *herskere,* som i King James: *Rulers.* Luther bruker begge ord, *fyrster* eller *herskere* i forklaringen. Spørsmål til ettertanke: Vår tids idoler, superstjerner, guruer og influensere, bør de inkluderes i Salme 2.1-2 ?

Dette skriftstedet skildrer verden med dens riker, hedninger, folkeslag og herskere i et slikt misbruk, uten annen hensikt enn at vi skal være på vakt og ikke bli deprimerte, når disse problemene møter oss. Verden roper høyt at det ikke finnes noe annet blant oss enn vranglære, villfarelser, oppvigleri og krenkelser, og på grunn av dette fordømmer den oss selvsikkert. På den annen side triumferer den og roser seg over oss pga. sin egen visdom, ære, makt, ja, til og med pga. sin egen rettferdighet. Vi må venne oss til slike stemmer, og heller ikke la vår ånd bli motløs av den grunn. For Den Hellige Ånd advarer oss når han sier at kongene vil motarbeide dette riket, og herskerne vil rådslå om hvordan det kan omstyrtes.

Det er altså disse menneskene som er årsaken til opprør og skandaler, ikke vi som er moderate, fredelige og rolige. Og den læren vi fremsetter, er heller ikke turbulent, men høyst fredelig. Hvis det hadde oppstått slike uroligheter på grunn av læren, ville vi som bekjenner oss til den, ha vært rastløse og urolige. Nå arbeider vi imidlertid med den største iver for å be om fred og håper at det ikke oppstår situasjoner med krenkelser. Men våre motstandere arbeider dag og natt for å så uro, felle dom over oss og opphisse verdens fyrster[2] mot oss, noe deres bestrebelser vitner om. Likevel anklager de vår lære som om den oppvigler til opprør og uro, men de sier at de er fredens barn.

La oss derfor trøste oss med denne salmen. Og la oss tro fast at når verden raser på denne måten og til og med angriper oss, så angriper den ikke oss alene, men en annen. Selv om vi er fattige, svake, kraftløse og undertrykte på forskjellige måter, så er han Herren. Han er dog ikke en alminnelig herre, slik som det finnes i verden, men Herren over hele skaperverket. Er ikke verden derfor mest tåpelig når den tror at den er mest klok? Hvis en naken gutt skulle kjempe imot tusen bevæpnede soldater, hvem ville da ikke få medfølelse med ham i hans reelle fare? Hvem ville ikke le hvis noen lovte å skjule sollyset med et brennende halmstrå? Men verden er hele tiden involvert i nettopp denne dårskapen, i denne reelle faren, siden den motsetter seg Ordet og menigheten. For den motsetter seg Herren selv og alle tings Skaper.

Salmen ønsker å gi oss denne tryggheten og trøsten i våre hjerter. Vi må ha et stort åpent øye så vi ser alle kongene med all deres visdom og makt med det rette blikk, dvs. betrakter dem som et brennende halmstrå som kan slukkes med ett åndedrag fra Han som har skapt himmel, jord og alle ting. Hvis du måler etter en menneskelig målestokk, er nasjonene, kongene, menneskene og herskerne, noe ufattelig stort.

Derfor skjelver vi når vi sammenligner vår svakhet med deres makt. Men hva er det Ånden lærer oss i dette skriftstedet? Han setter så å si bare Herren opp mot denne tilsynelatende uendelige makten, og forundrer seg over at verden er så tåpelig at den tror at den kan utrette noe som helst mot Herren. Den er i sannhet som en gnist av ild sammenlignet med hele havet, som om han ville si: «Er det ikke den største dårskap? Er det ikke den største dårskap at du, lille gnist, ønsker å tørke ut hele havet?» På samme måte som vi selv knapt tror dette når vi er i fare, slik lar heller ikke kongene og herskerne seg overtale til å tro at de bare er en gnist, men tror at de er et bål. Men hendelser og erfaringer har allerede fra verdens begynnelse lært de høyeste monarker noe annet, de som setter seg opp mot denne Herren.

Derfor legges det størst vekt på det han sier i det andre verset: Hedningene raser, folkene diskuterer, kongene hisser seg opp, og herskerne rådslår først og fremst mot *Herren*, deretter også mot Kristus, eller *hans salvede.* Han nevner *Herren* først med hensikt: Han ønsker å vise oss at det først og fremst er Gud Faderen som den gale verden angriper, selv om verden ikke vil si at det er Gud Faderen, alle tings Skaper, som blir angrepet. Papistene i dag vil heller ikke si at de angriper hans Sønn, vår Herre Jesus Kristus; de bekjenner også med munnen at han er verdens Frelser. Men de angriper snarere hans evangelium, og det er en dårskap for denne slekts vise menn og en forargelse og en vranglære for dem som er oppblåst av sin egen rettferdighet. På samme måte ønsket jødene aldri å fremstå som motstandere av Gud som himmelens og jordens skaper, men av Jesu, nasareerens lære, som de ikke tok imot som den Guds Sønn som var lovet gjennom Moses og profetene. Men de forfulgte ham som en opprørsk og blasfemisk mann, og til slutt drepte de ham.

Men fordi Kristus virkelig er av Faderen, det vil si utpekt og sendt av Faderen, slik at han er som en sol over verden, som bare er en liten gnist, så er det slik at alle som avviser denne solen eller setter seg opp mot ham, støter seg imot Gud selv, alle tings Skaper. Derfor bedrar verden seg selv i to henseender, selv om den roser seg av sin visdom. For det første ser den ikke denne store Herren som den reiser seg mot. Dernest ser den heller ikke sin egen svakhet, som er som en dunkel og liten gnist sammenlignet med solens glans. Vi kristne bør imidlertid være skikkelige dommere. Og vi skal ikke dømme ut fra verdens meninger, men ut fra Ordet, som avbilder verden med alle dens krefter som en svak gnist som ville bli oppslukt og slukket på et øyeblikk, hvis den prøvde å uttørke havet. Den som tror dette, har en sann kunnskap om Kristus og hans rike. Men trøsten er større og dypere, for det er ikke oss som den rasende verden angriper når den blir opphisset av lidenskap. Men den angriper Guds Salvede, som er menighetens hode,[4] og Gud selv, som er Kristi hode, som Paulus sier, 1. Kor. 11.3. Hva vil verden da oppnå? Eller hvordan er det mulig for oss å bli utsatt for virkelig fare? Verden vil jo ikke kunne underkue ham som Gud har utpekt til Kristus, og den vil heller ikke kunne overvinne eller kaste Herren ut fra himmelen. Hvorfor frykter vi da? Hvorfor skjelver vi for slike tåpelige og virkningsløse forsøk? Hvorfor ler vi ikke heller av verdens ekstreme dårskap?

La oss derfor i Jesu navn, han som Faderen har utpekt til Kristus, synge denne salmen også i våre menigheter, slik apostlene sang den. La oss knuse våre motstanderes berømte argument, når de forsøker å dominere oss og motarbeide oss ved å si at det ikke er kommet noe godt ut av vår lære, fordi det har oppstått opprør, kriger, vranglære og sekter i stort antall siden evangeliet ble spredt. La oss avvise disse røster, sier jeg, og la oss heller gjøre narr av dem og si med Den Hellige Ånd: «Hvorfor sammensverger folkene seg? Hvorfor lager folkene nytteløse planer? Hvorfor samler kongene seg mot *Herren*? Og hvorfor rådslår herskerne mot *hans salvede*?» For hvis verden ønsker å gjøre sin plikt, burde den kysse Sønnen og ta imot Faderens bud om Sønnen. Nå gjør den ingen av delene. Den griper til våpen.[3] Den forbereder kriger. Den danner sekter. Så vi kan holde fast ved at Den Hellige Ånd ikke bedro oss da Han så lenge i forveien gjennom sin tjener David forutsa at når denne Kongen ville komme med sin torden, da ville ikke bare ett eller to trær bli beveget, men hele jorden og alt som er mektig på jorden. Som Han sier i en annen salme: *Jorden vakler og fjellene skjelver,* Salme 46.3-4.

Derfor fristes selv de gudfryktige til å tenke at de heller burde ha tiet enn å tale, siden så store bevegelser er blitt satt i gang. Men kast disse tankene langt bort og vær sikker på at dette handler om større ting enn fred og ro i verden med all dens rikdom. For her anerkjennes, opphøyes og tilbedes han som Faderen har utpekt til Kristus.

---

[3] Disse våpen omfatter også alle mulige moderne teorier som er lære-setninger for vår egen tid, slik som skapelsesteorier som påstår at universet og livet er skapt ved tilfeldighet, ikke av Gud, radikale kjønnsteorier, feminisme, kommunisme, ideologier, ateisme og utallige andre «ismer». Det er altså hovedsakelig tale om åndelige våpen, *for vi har ikke en kamp mot kjøtt og blod, men mot makter og myndigheter, mot verdens herskere i dette mørke, mot ondskapens åndehær i himmelrommet,* Ef. 6.12. Begrepet «våpen» omfatter altså både fysiske og psykiske våpen.

De som ikke ønsker det, kan bli rasende, forarget, gale og opprøre himmel og jord. Likevel vil Herren som har utnevnt ham til Kristus, forvise dem til helvete. Men han vil bevare Ordet og menigheten og sin menighets hode[4], Kristus, i all evighet. Amen.

3. La oss sprenge deres bånd og kaste deres rep av oss!

Her forklarer Den Hellige Ånd årsaken til raseriet eller larmen, hva slags angrep de planlegger, og hva kongene[1] og herskerne drøfter seg imellom, nemlig hvordan de med alle sine krefter og anstrengelser kan sprenge Kristi og Faderens bånd. For djevelen gjør ikke dette bare for å ydmyke oss, ikke bare for å drepe oss som lærer og tror, men for å utrydde og ødelegge Ordet, Kristi navn, dåpen og alt som vår kristendom inneholder. Som følge av at vi lærer Kristus med den største tillit, begynner Satan å rase, han tar tak i fyrstenes, kongenes, de vises, de mektiges og til slutt folkemassens vilje. Her forsøker alle ved felles råd å bryte disse bånd, det vil si å utslukke Ordet og beskytte avgudsdyrkelsen.

Derfor blir vi presset fra begge sider av djevelen, som er bevæpnet med både makt og listighet. Han truer med makt gjennom konger, nasjoner, herskere og mennesker. Men han lurer oss også med den vrangforestilling at vi kan bevare freden samtidig med at vi beholder Ordet. For av naturen avskyr vi uroligheter, særlig hvis ulempene er kjente og synlige for oss. Og vi elsker freden, som noen sier er det vakreste av alle ting. Men den som hengir seg til disse tankene, vil etter hvert bli ført dithen at man mister Kristi rike pga. ønsket om fred.[5]

La oss derfor lære å feste blikket på denne vår Konge og iaktta ham, så vi ikke lar oss påvirke av våpenstøy og av den uro som oppstår. Vi bør heller fastholde at når konger, herskere, nasjoner, folk og hele verden setter seg opp mot denne Herren, så er de støv. Men Kristus er et enormt fjell. Den som har denne tanken fast i sitt sinn, vil ikke la seg rokke av djevelens og verdens trusler. Sekter oppstår og menigheter blir forstyrret; men jeg spør: «Hva er det for meg? La hele verden gå til grunne, men la Kristus forbli trygg hos meg. Freden er det vakreste av alt, men hvis den ikke kan bevares, hva er det da som går tapt, bortsett fra en liten bit av de skapte ting?

---

[4] Viser til Ef. 5.23, Kol. 1.18

[5] Se også Matt. 10.34-39: *Tro ikke at jeg er kommet for å bringe fred på jorden. Jeg er ikke kommet for å bringe fred, men sverd. Jeg er kommet for å sette skille osv.*

Men gjennom Kristus, forblir rettferdighet, frelse og evig liv mitt. Dette er virkelig gode ting. Sammenlignet med dem er verdens fred og andre behagelige ting i dette livet ingenting, for de er usikre og av kort varighet.» Vi bør trøste oss selv på denne måten. Ellers kan disse materielle ubehagene gjøre oss urolige og redde, hvis vi ikke motvirker dem med åndelige og evige ting. Vi kunne sørge og klage som om vi befant oss i en stor ulykke. Og fra denne gnisten ville det til slutt bli tent en ild som tar og fortærer Kristus i oss med alle hans gaver. I ånden ser David verdens raseri sette seg opp med all sin makt mot Kristus, men dette forstyrrer ham ikke i hans hjerte. Dette er et godt eksempel for oss, slik at vi heller ikke skal bekymre oss for tyrken[6], paven, konger og herskere, når de setter seg opp mot denne Kongen. For de er tåpelige og blinde og de ser ikke at de påtar seg det umulige, når de forsøker å undertrykke evangeliet. Slik bør vi også overvinne de øvrige forargelser. Müntzer skaper opprør i Thüringen. Karlstadt og Zwingli skaper forferdelig uro i kirken, når de prøver å overbevise andre om at Kristi legeme og blod ikke mottas med vår munn i nattverden, men bare brød og vin. Andre slutter seg til dem, og etter hvert fyller denne skadelige læren Frankrike, Italia og andre nasjoner. Det er i sannhet et stort onde på to måter, for både staten og kirken blir knust. Hva skal da vi gjøre, vi som ikke er opphavsmenn til disse uroligheter, men bare tilskuere? Skal vi la oss pine til døde på grunn av dette? For det har jeg i sannhet gjort mer enn én gang, og siden jeg ønsker være med å kurere disse onder, følte jeg at jeg ble såret, slik at min tro ble alvorlig truet og svekket (Gud er mitt vitne på det). Men til slutt så jeg gjennom Guds godhet at nettopp disse tanker, bekymringer, sorger og bedrøvelser i hjertet var født av en ekte uvitenhet om Kristi rike og at det var dumt og skadelig for meg selv. Derfor tok jeg mot til meg igjen og sa: «Dette er ikke min skyld, så la dem som har gjort dette onde, pine seg selv. Ikke jeg. Jeg skal gjøre og forsøke alt jeg kan for å lindre disse onder noe, men hvis jeg ikke kan gjøre det, skal jeg ikke av den grunn fortære meg selv i sorg. Om ikke én Müntzer, Karlstadt eller Zwingli er nok for djevelen, så kan han vekke opp mange flere. Jeg vet at dette riket er av en slik natur

---

[6] Luthers begrep «tyrken» og «tyrkerne» må i vår moderne tid ikke forstås snevert som Tyrkias innbyggere, men mer generelt om alle tilhengere av religionen islam, dvs. det er synonymt med muslimer og islamister. Ut fra Luthers forklaring ser man at det er mer et religiøst begrep enn et geografisk eller demografisk begrep.

at djevelen ikke kan holde det ut. Han arbeider med hender og føtter av all sin makt for å forstyrre menighetene og motarbeide Ordet.»

Men fordi det etterpå blir et voldsomt rabalder, nye opprør oppstår, freden blir tatt bort og folkemengdens løssluppenhet blir oppmuntret, tror mange at disse klagene er velbegrunnede. Men hvorfor klager ikke disse mennesker også over den store forakt for evangeliet, over den enorme hardnakkethet hos Ordets motstandere, over den skammelige murring og den vanære som er blitt gjort mot Kristus? Det er tydelig at de setter fredens bekvemmeligheter høyere enn Kristus. De er mer opptatt av dem enn av Guds ære og sjelenes frelse. Men hvis disse virkelig store bekymringer ikke påvirker eller forstyrrer deg, tror du ikke at Kristus vil si til deg: «Hvis ulykkene i Mitt rike ikke påvirker deg, hvis du ikke sørger over at Mitt rike er så skammelig ødelagt på forskjellige måter, hvorfor skulle Jeg da sørge over dine ubehageligheter, over ødeleggelse av freden og av andre ting? Ja, det er bedre at dere går helt til grunne enn at Mitt rike går til grunne.» Det ville være passende for oss å anerkjenne denne Kongen og hans rike på denne måten, slik at vi også forakter dem som forakter Ham, og at vi setter så stor tillit bare til denne Kongens ressurser - ikke til goder eller fordeler i verden.

For se hvor stor motstandernes gudløshet er. Evangeliet, som forkynner Guds nåde for oss, som lover oss rettferdighet og evig liv, det kaller de for et *bånd*, et *rep* eller et åk. Hvis du tilbød en gave på tusen gullstykker til en skammelig tigger, og han avviste gaven på en uvennlig måte og erklærte at den ville bli en byrde for ham, hva ville du gjøre med ham da? Ville du ikke si at han fortjente å gå til grunne av sult og tørst? Men konger, fyrster, nasjoner og folk gjør Gud vred med nettopp denne synden. Han gir dem Ordet og med dette evig liv, men de griper til våpen[3] for ikke å tvinges til å nyte godt av disse gavene. Derfor lager de uroligheter overalt og starter kriger, fordi Gud for sin Sønns skyld lover å tilgi synder og å gi en overflod av alle ting, også i dette livet. Fortjener ikke verden å bli kastet i de evige flammer?

Derfor må dere huske på at Kristi rike er av en slik art at hele verden gjør motstand mot det, særlig alt som antas å ha verdighet, makt, rikdom, visdom og rettferdighet i verden. La derfor deres hjerter bli trøstet og lettet, så dere ikke blir redde på grunn av dette. Tenk på at verken måtehold eller fornuft kan sikre eller beskytte dere mot disse uroligheter. For verden er alltid den samme og tilbyr seg villig til tjeneste for djevelen, som hater Ordet bittert. Slik motarbeider også vårt kjød og kjødets visdom med vår egen samvittighet dette riket og denne Kongen. La derfor ingen innbille seg at han har foretatt seg noe lett når han vil bekjenne Ordet og troen på Kristus. For han vil føle at konger[1] og herskere[2] er hans motstandere, som djevelen hisser opp. Selv om vi ikke er lik dem, så vil Gud likevel at vi skal kjempe mot dem, for å forvirre visdommen og makten til alle Ordets motstandere. Gjennom dette beholder Han sin ære og viser sin visdom og makt i vår svakhet, og gir oss den kraft fra himmelen som selv helvetes porter ikke kan seire over.

I dette skriftstedet har du altså en beskrivelse av kongers og herskeres, nasjoners og folks ønsker og råd, ja, også en beskrivelse av ditt kjød og din samvittighet som djevelen også plager, for å friste deg til å sprenge båndet og kaste av deg åket. Konger og herskere bruker makt og våpen, men ditt hjerte kjemper mot dette riket gjennom utroskap, hvis det tviler på løftene eller ikke vil ta imot trøsten av syndenes forlatelse - trøsten av rettferdiggjørelsen av nåde - trøsten av det evige liv. Det er derfor på sin plass at vi blir advart og at vi tenker på at denne Kongen er innsatt av Gud Fader, som salmen sier litt senere. Derfor, om verden raser, om din samvittighet skjelver, så trøst deg og vær sterk, så din tro ikke svikter deg. Ingen vil frata denne Kongen hans trone, som Gud Faderen har plassert ham på. Den Hellige Ånd har for lenge siden underrettet dere om dette gjennom de hellige profeter, og derfor kan de farer som dere ser komme, gjøre liten skade.

Som Sirak minner oss om: *Barn, om du kommer og vil tjene Herren, så forbered deg på å bli satt på prøve. Gjør hjertet sterkt og hold ut, forhast deg ikke når noe rammer deg. Hold fast ved Herren, fall ikke fra, så går det deg vel til slutt,* Sir. 2.1-3. Derfor, den som ikke ønsker å gå i kamp, men flykter fra fanene, han skal holde seg helt borte fra dette riket. For djevelen vil aldri opphøre å synge dette verset gjennom herskere[2] og kongers[1] munn, gjennom ugudelige lærere, ja til og med gjennom din egen samvittighet: *La oss sprenge deres bånd og kaste deres rep av oss!*

Men tenk over det og si meg i sannhet: Er det ikke en forferdelig fristelse og en alvorlig synd at verden kaller evangeliet for «bånd» og «rep»? Evangeliet er jo det søte budskapet om syndenes forlatelse og det evige liv som Kristus har gitt oss som en gratis gave. Besøk alle verdens riker og land, og du vil se at de er svært forskjellige fra hverandre. De er så å si innbyrdes splittet, ikke bare når det gjelder kjødelig makt, men i enda større grad når det gjelder religion, lover og skikker. Hvor mange avguder hadde Rom alene? Hvor mange i Hellas? Hvor mange i Egypt?

Likevel grep de aldri til våpen til tross for store forskjeller i deres religioner. Selv da romerne var grekernes herskere, hatet de ikke grekerne selv om deres gudstjenester var annerledes. Tvert imot omfavnet de deres gudsdyrkelse, slik historikerne viser med hensyn til de eleusinske seremonier, slangen fra Epidauros, bildet av moder Ida osv. Dette uendelige mangfoldet har verden alltid båret med den største tålmodighet.

Hvor stor var ikke variasjonen i gudstjenesteform også blant oss før evangeliets lys brøt frem? Det var vel ikke forskjeller bare mellom det ene bispedømmet og det andre, men også mellom den ene kirken og den andre? Den gang var det ingen som tok anstøt av disse ting. Men når Kristus kommer med sitt evangelium for å oppheve denne forskjell og forene alle i ett legeme, da går alle de som er mest ulike i religionen sammen og blir forenet for å undertrykke Kristi rike. For hva annet var pavens rike enn et uhyre med flere adskilte hoder, særlig hvis du tenker på munkene: En valgte Augustin, en annen Frans, en tredje Dominikus, en fjerde Benedikt, slik de mente hver og en var verdige, for å oppnå høyst mulig anseelse. Dette mangfoldet tolererte paven, og selv om munkene selv hatet hverandre med et uforsonlig hat, er de likevel, nå som evangeliet er åpenbart, enige om å angripe det og med ett sinn forene sine råd, sitt arbeid og sine ressurser. Hvem ser ikke at dette skjer gjennom djevelens bedrag? Han tåler alle andre religioner, men denne ene, som er sann, hater og forfølger han. Han får menneskene til å fordømme den som et uutholdelig åk.

Men hvorfor gjør verden dette? Tross alt gjør evangeliet ikke noe annet enn å befri samvittighetene fra dødsangsten, slik at vi tror på syndenes forlatelse og holder fast ved håpet om evig liv gjennom Guds Sønn som er gitt for oss. Evangeliet lærer oss dette, men på en slik måte at det ikke fordømmer øvrigheten, lovene, godene eller andre ting, og heller ikke fjerner eller forandrer dem. Disse ting forblir på sin rette plass. Evangeliet handler bare om å helbrede samvittighetene, for at de ikke skal være uten trøst og hjelp, når de er undertrykt av synder og dødsangst. Hvorfor tillater da ikke verden dette? Hvorfor kaller den det et «åk», hvorfor «bånd» og «rep», og hvorfor nekter verden å tolerere det?

Jeg svarer: Den ønsker ikke å gi avkall på sin egen rettferdighet. Den ønsker ikke at dens egen visdom skal bli tilslørt. Den ønsker ikke engang å gi avkall på sin egen herlighet og makt. Og, hvis jeg kan si det med ett ord, den ønsker ikke, og er heller ikke i stand til, å holde det første bud, men kjemper mot det med all viljens og forstandens kraft og med alt hva verden eier og har. Verden burde elske Gud og satse på Ham fremfor alle andre ting. Men den elsker seg selv og sine egne ting. Verden burde lovprise Guds rettferdighet og stole på den. Men den verdsetter sin egen rettferdighet så høyt at den absolutt ikke bryr seg om Guds rettferdighet. For på samme måte som en ape elsker sitt eget avkom, elsker verden bare det som tilhører den selv. Den gleder seg over verdens ting, er stolt og oppblåst; men alle andre ting, som er utenfor den selv, de som bare hviler på troen, dem neglisjerer den stolt og tråkker på dem som på en ukjent skatt.

Men evangeliet holder bare Kristus opp for alles øyne og sjeler og befaler alle å se på Ham alene - å være avhengig av Ham alene - å stole og tro på Ham alene. Etter å ha påtatt seg vårt kjød, beseiret han djevelen i vårt kjød, drepte døden, forstyrret helvete og ødela det. Evangeliet forkynner at Han alene er vis, fordi Han alene kjenner og gjør Gud Faderens vilje. Han alene kalles rettferdig, fordi han ikke har gjort noen synd, men både kan og vil formidle sin rettferdighet til alle som tror på ham. Skriften taler om Ham som allmektig, fordi Han alene overvant og plyndret den sterke som voktet sitt eget hus, Luk. 11.21-22. Skriften viser at vi må stole på hans visdom, rettferdighet og kraft, og så lover den at vi også skal bli vise, rettferdige og mektige. Hvis vi mangler denne visdommen, så er vi i virkelig tåpelige, syndere og svake. Men verden forsøker å bryte denne læren i stykker som et *bånd* og kaste den av seg som et *rep*.

Hele striden med denne Kongen dreier seg altså om det første bud. Og i denne profetien ønsker Den Hellige Ånd spesielt å berolige våre hjerter mot denne forargelsen: De mektigste konger[1] og herskere, de helligste og viseste menn, som ved sin visdom styrer riker og samfunn og får dem til å blomstre med sin rettferdighet og rettskaffenhet, de setter seg opp imot denne Kongen. Dette gjør de utelukkende fordi de ikke ønsker å være uforstandige ift. Gud. De kan nemlig ikke tåle å høre at lover, oppdragelse, ærlighet og andre gode gjerninger er unyttige, når det gjelder å oppnå syndenes forlatelse og evig liv. Derfor larmer de, raser, rådslår og reiser seg mot evangeliet. De tror at evangeliet er en oppviglersk og skadelig lære, som gir anledning til løssluppenhet og som forbyr gode gjerninger eller i det minste forkaster og fordømmer dem, siden det sier at de ikke nytter noe til rettferdighet.

Hvor sann denne beskyldningen er, må imidlertid gode mennesker bedømme. For evangeliet fordømmer ikke gode gjerninger, for det ville være å fordømme og oppheve loven. Men det *stadfester loven* slik Paulus lærer, Rom. 3.31, fordi det viser hvordan loven kan oppfylles. Det oppfordres stadig til å studere loven og gjøre gode gjerninger. Men evangeliet forbyr oss å sette vår lit til disse ting for å oppnå rettferdighet for Gud. For evangeliet lærer at denne rettferdigheten må bygges på Guds korsfestede Sønn alene. Det lover at vi skal bli rettferdige for Gud når vi tar imot Ham i tro, selv om vi er syndere for oss selv og for verden. Det lover at vi skal bli mektige, selv om vi er svake; vise, selv om vi kan være uforstandige i verdens øyne. Det befaler oss altså å tro på denne korsfestede Guds Sønn.

Men verden nekter å gjøre dette, fordi den ikke ser denne rettferdighet, kraft og visdom. Derfor vil den ikke miste det nærværende, som den ser for sine øyne og holder i sine hender, og den vil ikke bindes til det usynlige og ingensteds synlige, som evangeliet forkynner. Derfor kaller den det et bånd. Derfor kaller den det et åk som den er bundet av og holdes i sjakk av. Og den anser ikke den visdom, rettferdighet og kraft som evangeliet har, for å være noe som helst. Derfor lyder disse røster: «Er da mennesket intet? Er da viljen ikke fri? Er da Gud årsak til de ugudeliges fortapelse? For hvorfor skapte han dem ikke rettferdige? Var da våre forfedre, som var uvitende om disse ting, alle fordømte? Er du alene vis, rettferdig og salig?» Overalt hører og leser man disse stemmene, og de blinde folk kan ikke helbredes, for de vil ikke høre. For vi formaner, skriver, forkynner og roper høyt om at mennesket skal bruke visdom, makt og andre Guds skapninger i dette livet til å styre og ordne opp i hverdagslige saker. Det er der vår fornuft løper som på sin egen veddeløpsbane, dvs. arbeider og sørger for det som den makter. Men i Guds nærhet er alt dette ingenting, og det betyr heller ingenting, for her kreves det en bedre rettferdighet og en større kraft enn vår.

Men alt dette er en historie fortalt til en døv mann. For de roper mot det og kaller det et bånd og et utålelig åk, fordi de ser sin egen visdom og rettferdighet bundet for Gud som om den var ubrukelig og ineffektiv. *Vi vil ikke ha denne mannen til konge over oss*, roper de som jødene, Luk. 19.14. De fordømmer både læren og de som slutter seg til denne læren som urolige, kjetterske og djevelske. Men i likhet med fariseerne og de skriftlærde roser de seg av *stolen til Moses*, Matt. 23.2, av navnet «kirke», og påstår å være de eneste som besitter rettferdighet og visdom, ja, også med våpen og sverd. Dette er verdens ansikt. Den hater Kristus Kongen og hans rike og forsøker alt for at dette riket skal bli undertrykt. Hvilket håp er det for kirken i en så stor fare?

4. Han som troner i himmelen, ler. Herren spotter dem

Dette er Den Hellige Ånds røst, sendt ut gjennom profetens munn, på grunn av vår svakhet og vårt lille antall, som han ser, og på grunn av kongenes og motstandernes tallrikhet og makt. For alt som er opphøyet i verden, det samler sine krefter sammen mot menigheten, og den er liten i antall, derfor mangler den nesten alle de gaver som verden briljerer med. Derfor, når menigheten blir overveldet av forstyrrelser, som av havets vann, når den ser våpnene, makten og ressursene til så mange konger[1] som den blir angrepet av, så frykter og skjelver den. For menneskehjertet er ikke av jern eller stein, men av kjøtt. Dette myke hjertet påvirkes av slike overhengende farer. For det hender ofte at en kristen ikke bare har én fiende imot seg. Konger og herskere, nasjoner og folkeslag reiser seg mot ham, slik Den Hellige Ånd forutsier i dette skriftstedet. Ja, alle djevler angriper og overfaller ham, for ikke å snakke om de anfektelser som hans samvittighet plages med.

I denne store fare kommer den barmhjertige Herre gjennom sitt Ord og setter andre langt større ting opp mot denne mengden av ondskap og forargelse. Han sier i Salme 11.4 (Vulgata): «Herrens øyne ser på de fattige.» Og ikke bare dette, men om disse kirkens fiender og alle deres forsøk på angrep sier han: *Han som troner i himmelen, ler. Herren spotter dem.* Med et eneste trøstende ord tilintetgjør han altså alle de rasende, larmende menneskene, herskerne, kongene og demonene. De som motarbeider menigheten, er mektige og sterke. De er også tallrike, dyktige i visdom og de kalles rettferdige, mens vi er få og svake. Derfor er vi ikke bare tynget av verdens mange og store majesteter, men også av vår samvittighet og vår svakhet, som vi kjenner så godt. La oss derfor lære denne trøsten, slik at vi ikke blir forvirret av dette forferdelige bildet. La oss heller si: «Jeg kjenner også en som bor i en svært befestet og utilgjengelig festning, som ikke bare fyrster og konger, men heller ikke Satan selv kan nærme seg. For alle disse er enten på jorden eller i luften, men denne Kongens hus er selve himmelen, hvor verken menneskers eller djevelens makt er til noen nytte.»

Av forakt for menighetens motstandere nevner han derfor ikke navnet på den som sitter i himmelens festning, men sier ganske enkelt: [יוֹשֵׁב בַּשָּׁמַיִם], dvs. *han som troner i himmelen*. Full av ånd og tro setter han med selvtillit og forakt denne ene opp mot alle jordens og helvetes furier, som om han ønsket å si «La hedningene og kongene komme, la folkene og herskerne komme, la gjendøperne, sakramentarianerne, fredsforstyrrerne og alle andre sekter komme. De vil ikke stige opp til himmelen bare fordi de er mektige på jorden. De er elendige krypdyr på jorden. Der lager de opprør, raser og rådslår med hverandre. Men hva gjør han som bor i himmelen? Frykter han som oss? Skjelver han, eller blir han rørt? Selvklart ikke. Men han ler av menneskenes dårskap og deres forgjeves forsøk.»

Dette er en ny og uhørt stemme. For fornuften sier at enten ser ikke Gud slike ting og utfører derfor alle ting ved en tilfeldighet, eller hvis han ser og ikke undertrykker onde mennesker, så er han svak. Fornuften mener at det å se og tillate uverdige ting, som man er i stand til å forhindre, viser et urimelig og urettferdig sinn. Fornuften dekorerer Gud med en slik ære at den dømmer ham til å være enten dum, siden han ikke ser eller vet mange ting, eller ond, siden han ikke forhindrer det onde som han ser. Mot disse bespottelser advarer Den Hellige Ånd oss her, for at vi ikke skal tro at Gud ikke ser ugudelige menneskers forsøk, bare fordi Han blunker med øynene mot dem.

Hvor stor og hvor skammelig er ikke tyrkernes grusomhet og umenneskelighet! [6] Med hvilket stort hat brenner pavene og biskopene mot Ordet og kirkens sanne medlemmer! Tyrannenes råd er også avskyelige. Vi skal ikke tro at vår Far i himmelen ikke vet disse ting, eller at de er skjult for hans øyne. Han ser alt, men han blir ikke så raskt grepet av vrede som vi. Han skjuler sin vrede. Han ler en stund, ikke bare fordi han ser at slike forsøk er forgjeves, men også fordi han gir tid til omvendelse.

Dette er en åndelig tanke som burde gjøre menigheten og dens enkelte medlemmer kloke, slik at vi snur oss bort fra de synlige til de usynlige ting. De synlige eller håndgripelige ting er verdens raseri, tyrkernes og pavens tyranni. Men denne latteren fra ham som bor i himmelen, er usynlig for oss og må derfor tros. Da vil det skje at også vi skal le hvis menighetens fiender gjør fåfengte ting mot henne. Det er for vår skyld at Den Hellige Ånd sier at Gud ler og spotter ugudelige mennesker, slik at også vi kan le med Gud og ikke bli sinte eller redde, når paver, biskoper, herskere og konger undertrykker evangeliet med makt, ja, når djevelen begraver menigheten med mange slags skandaler. For dette er forfengelige råd og forgjeves angrep.

Men vi opplever at denne latteren er nesten umulig for oss, fordi vi verken er i stand til å forakte det synlige eller å gripe det usynlige. Vi føler kongenes og herskernes makt og kraft, verdens visdom, djevelens ondskap, ja, til og med syndens byrde og vår samvittighet. Derfor ler vi ikke, men sutrer, blir motløse, fortviler og gjør på den måten hele vårt liv bittert. Men med urette. For hva oppnår vi hvis vi bekymrer oss til døde? For verden vil aldri bli frisk, djevelen vil aldri bli mildere. Vi bør derfor lære oss å vekke vår ånd i slike farer og heller le sammen med vår Gud, som ikke vil le for alltid, det er helt sikkert. Men til slutt vil hans vrede endelig flamme opp imot gudløse mennesker og da vil de omgående bli forferdet. Det vil dessuten være lettere for oss å le, hvis vi ikke glemmer hva som tidligere er sagt om *Herren og hans salvede.* For vi må holde dette for rett, at alle disse prøvelser, all denne verdens raseri og herjinger, er rettet mot oss på grunn av Kristus. Han alene er grunnen til at vi har verden og djevelen, ja, til og med vårt eget hjerte ille innstilt mot oss, som Han selv sier, Joh. 15.19: *Hadde dere vært av verden, hadde verden elsket sitt eget. Men dere er ikke av verden. Jeg har jo utvalgt dere fra verden, og derfor hater verden dere.*

Slik er det også med synden: Verden lever i synd, tror ikke på syndenes forlatelse, men forkaster den til og med når den blir tilbudt i Ordet, og lever likevel i den største sikkerhet. I motsetning til dette hører menigheten om syndenes forlatelse, tar den til seg og tror til en viss grad på den, og likevel er det bare medlemmer av menigheten som er rystet av frykt dag og natt og nesten fortært av sorg. Er det ikke en merkelig forskjell mellom verden og menigheten? Hva er årsaken til dette? Ikke noe annet enn at de er kristne og tar imot Guds ord. Av den grunn skjerper djevelen synden for dem, plager dem med frykt for død og evig fortapelse, og lar aldri kristne hjerter hvile.

Hva skal vi gjøre da? Skal vi hyle og klage, skal vi bli motløse og dø av sorg? Nei, på ingen måte. For på denne måten vinner vi ingenting. La oss heller *løfte våre hoder*, slik Kristus befaler når han profeterer om sitt komme, Luk. 21.28. Og la oss le av den rasende djevelen og verden (ja, også av vår samvittighet og synden i oss)[7].

---

[7] Oppfordringen til å le av vår samvittighet og synden i oss, må forstås slik at synden ikke fordømmer sanne, levende kristne jf. Rom. 8.1 ff. Særlig viktig for kristne som er «rystet av frykt dag og natt og nesten fortært av sorg, fordi djevelen skjerper synden for dem, plager dem med frykt for død og evig fortapelse og aldri lar kristne hjerter hvile» som sagt ovenfor.

Sannelig, fordi straffen for de gudløse er utsatt inntil nå, er det sikkert at Gud også ler, Gud, som er i himmelen og ikke kan bli jaget derfra av ugudelige mennesker. Derfor ler Han med rette av deres forgjeves forsøk. Vi kan tenke at vi også ville le, hvis vi satt på et så høyt sted og hadde en så befestet festning. For vi ville tro at selv om kongenes, herskernes og også djevelens makt og raseri var svært voldsomt, så ville de likevel forbli her nede på jorden og aldri kunne nå oss. Men disse tankene avslører vår mangel på tro. For alle vi som tror på Kristus, er i sannhet i den samme himmel hvor Herren bor, om ikke i kjødet, så likevel i troen og i Ordet.

På denne måten må oppstigningen skje fra det synlige til det usynlige, og øynene og hjertet må vendes fra det nærværende til det himmelske, hvor disse opprør ikke bare er forgjeves, men er overvunnet for mer enn femten hundre år siden. For Kristus taler slik: *Vær frimodige! Jeg har overvunnet verden,* Joh. 16.33. Og Han trøster oss med hensyn til dommen ved å si at denne verdens fyrste allerede er dømt, Joh. 16.11. Når disse beseirede fiendene gjenopptar krigen, kan de derfor ikke gjøre noe annet enn å få Gud til å le.

Det er et morsomt skue når barn forsøker å drepe hunder eller svin med halmstrå, som med en kniv. Heller ingen av oss kan holde latteren tilbake, hvis vi ser en tosk ta en kvist i hendene, løpe med stor kraftanstrengelse mot et tårn for å forsøke å velte det. For et slikt forsøk ville være tåpelig og nytteløst. Slik ville vi også tenke om verdens anstrengelser, pomp og prakt, makt, vrede og raseri, hvis vi i våre hjerter og tanker steg opp til ham som bor i himmelen og så rett på ham. For hvis du sammenligner tyrken, paven, biskopene, kongene og fyrstene og hele djevelens rike med ham, er de da ikke idioter som forsøker å velte et sterkt tårn med en kjepp? Derfor forsyner de Gud med spøk og spott, dvs. spiller et karnevals-skuespill for ham, når de er mest sinte. Og når de er opptatt med slike tanker og foretagender, er de sannelig ikke noe annet enn en gjøgler-bod, eller, som vi sier på tysk, «vår Herre Guds gjøgler-sekk».

Dette er *Guds skjulte visdom*, 1. Kor. 2.7, som vi bare kan lære av Ordet, og som bærer oss fra det nærværende og synlige til det fraværende og usynlige. Det nærværende faktum er at verden er gal og raser, når vi bekjenner Kristus og tror på ham. Men dette må ikke opprøre eller skremme deg, og din samvittighet må ikke bli bedrøvet av den grunn.

Forlat denne følelsen og dette ubehagelige skuespillet, og gå med Moses inn i skyen og mørket[8], det vil si, omfavn de usynlige ting. Stig opp til Herren og Hans løftesord. Lær at Gud ler av denne utrolige dårskapen, når verden med djevelen forsøker å skade Guds rike og velte det. De elendige menneskene ser ikke at all deres makt bare er jordisk, men at denne Kongen bor i himmelen, som de ikke kan stige opp til.

Men hva jeg enn sier om konger eller evangeliets motstandere, det sier jeg om enhver personlig samvittighet. Vi bør lære å stå oppreist og være tapre, minst like mye mot oss selv som mot tyranner. For djevelen undertrykker og forfølger oss mer gjennom vårt eget hjerte og vår samvittighet enn gjennom sverdet og tyranniet. For tyrkeren kan ikke gjøre større skade enn å halshugge og drepe oss.[6] Men vårt eget hjerte kan vekke en slik debatt i oss og frembringe en slik melankoli at vi må gå fortapt i all evighet, hvis vi ikke ble frigjort av Ånden og av Herrens ord. Derfor er djevelen ikke noe sted mektigere, mer utspekulert, sterk, hellig og rettferdig enn i våre hjerter. Hvis vi har overvunnet ham her, hvis vi med en fast tro har kastet ham bort fra dette sete og har vendt oss til usynlige ting, da skal vi ikke ha den minste respekt for de sinte fyrster[2], konger[1] og tyranner. Når de inngyter frykt, så er det ikke de som frembringer denne frykten, men vårt eget hjerte, fordi det er svakt og klamrer seg til nærværende ting, men ikke kan gripe det fraværende og usynlige.

La oss derfor lære å være modige i alle farer, men særlig mot oss selv og vårt hjerte. For der har djevelen et effektivt angrepspunkt og støttes særlig av fortiden. For han vet at vi er syndere, og derfor holder han hele rekken av våre synder og det triste *gjeldsbrevet*, Kol. 2.14, opp for våre øyne og undertrykker oss. Ja, han griper også fatt i de ting som er her og nå, og undertrykker oss med dem, f.eks. at vi ennå ikke tror så fast som vi burde, ennå ikke elsker så varmt, og også fristes av utålmodighet. Når han opphøyer disse ting - for han er en listig og heftig taler - blir hjertet knust og forskrekket, ikke bare av fyrstenes og kongenes opprør, men også av et løv som rasler.

---

[8] Viser til 2. Mos. 20.21: *Så ble folket stående langt borte, men Moses gikk nær til mørket hvor Gud var.* 2. Mos. 24.15-18: *Så steg Moses opp på fjellet, og skyen skjulte fjellet. Og Herrens herlighet hvilte på Sinai berg. Skyen skjulte det i seks dager. Den sjuende dagen kalte han på Moses midt ut av skyen. Synet av Herrens herlighet var for Israels barns øyne som en fortærende ild på toppen av fjellet. Og Moses gikk midt inn i skyen og steg opp på fjellet.* Det er viktig å forstå mørket på rett måte her. Luther mener at vi må nærme oss Gud slik som Moses. Mørket må forstås som «der hvor vi finner Gud», altså ikke som åndelig mørke.

Vi bør derfor styrke våre hjerter og se mot de usynlige ting og inn i dypet av Ordet. Vi skal ikke frykte og skjelve for det vi føler i oss selv eller utenfor oss, dvs. det som er sansbart og synlig og oppfattes av kjødet. Vi skal legge sansene til side og gå dit dette verset leder oss, til de usynlige ting. Når djevelen bebreider deg: «Se, du er en synder, du tror ikke, du elsker ikke slik som Ordet krever», da sier du imot dette: «Hvorfor plager du meg med disse synlige ting? Jeg oppfatter disse tingene godt. Det er heller ikke nødvendig for deg å undervise meg. Det er nødvendig at jeg følger Ordet og retter meg mot de usynlige ting, det vil si mot Ham som bor i himmelen og mot hans Ord. I hans øyne er alt det som skremmer meg bare en spøk eller et fastelavnsteater, som ikke er laget for å skremme, men for å le.»

Dette verset må brukes på denne måten, dvs. ikke bare på de ytre farer som truende rettes mot oss av Ordets fiender, av tyrkerne, paven, biskopene, kongene, fyrstene, av alle som er utrustet med makt, visdom og rettferdighet. Men det (v. 4) må også brukes på de åndelige fristelser, når djevelen skremmer samvittigheten og anklager oss inni oss selv på grunn av de synder vi har begått. Den som har reflektert riktig over dette verset, vil le av djevelen og av hans anklager og trusler. Han vil si: «Dette er ingenting for meg, det får selv min Gud, han som bor i himmelen, til å le. Du vil ikke vinne frem med dine anklager og din dysterhet, nei, jeg skal le sammen med min Gud, for jeg vet at dine forsøk er forgjeves. For selv om jeg er en synder, selv om syndens straff er den evige død, så skal ikke det hindre meg i å le. For ved Guds høyre hånd sitter han som har betalt for syndene og overvunnet deg i sitt eget kjød og styrtet deg. Du angriper ikke meg alene, men Ham som beseiret deg, Guds Sønn.»

Vi må være overbevist om at all forfølgelse, også den åndelige forfølgelse som gjennom djevelen finner sted i våre hjerter, skjer for Kristi skyld. For å tro på syndenes forlatelse gjennom Kristus er den høyeste artikkel i vår tro. Det er sant at den som tror på denne trosartikkel, har syndenes forlatelse. Derfor anstrenger djevelen seg for å rive denne troen fra oss. Det menneske synder som følger de tanker som djevelen plager oss med, at man skal kaste bort håpet om syndenes forlatelse. La oss derfor ikke følge hjertets tanker som anklager oss for synd og påstår at håpet om syndenes forlatelse ikke tilhører oss. For det ville være å følge djevelen selv, som plager oss, ikke bare ved hjelp av fyrster og tyranner, men også direkte gjennom synden og vårt eget hjerte. Men vi skal motarbeide ham med stor ånd og si: «Du skal ikke gjøre meg trist og redd i det hele tatt. For han som har stått opp fra de døde, han har befalt meg å være trygg. Derfor skal jeg le og ikke jamre, slik du ønsker det, som om jeg var alene og uten en hjelper.»

Men erfaringen vil lære hver enkelt av oss hvor strevsomt det er og hvor lang tid det tar å lære seg denne kunsten. Du kan faktisk lære ordene veldig lett: «Den rettferdige er uten frykt; den kristne frykter hverken synd eller død, men ler av djevelen og hans trusler.» Men prøv dette og se om du kan være glad i hjertet ditt når din samvittighet anklager deg eller når det oppstår vranglære og forargelse. For straks begynner kjødet å skjelve og ønsker at det kunne få se alt i harmoni. Men siden det skjer helt annerledes, og alt det som viser seg for øynene er urettferdig, ugudelig, tåpelig, vanhellig, blasfemisk, stormfullt og urolig, så blir disse usynlige ting som Den Hellige Ånd lærer oss om på dette sted, drevet bort av de synlige kjensgjerninger.

Vi bør derfor venne oss til disse stormene som en kristen må leve i og stadig oppholde seg i, og vi må gjemme oss i mørket[8] og gripe fatt i det usynlige. Da vil det skje at vi vil le av tyrkernes, pavenes, tyrannenes, sektenes, kjetternes og alle Kristi rikes motstanderes raseri som et komisk skuespill. Den som er i stand til å gjøre dette overalt og alltid, er en sann doktor i teologi. Men verken Peter, Paulus eller de andre apostlene kunne alltid gjøre dette. Derfor må vi bekjenne at vi også bare er studenter og ikke doktorer i denne kunsten, selv om vi ikke engang fortjener navnet studenter, fordi når Gud ler, er vi enten sinte eller forarget.

5. Så taler han til dem i sin vrede, i sin store harme forferder han dem

Det foregående verset beskrev Guds tålmodighet som føles ubehagelig for oss, men som er sedvanlig for Gud. For Han er vant til å tåle larmen fra den ugudelige pøbelen, kongene og fyrstene, samt folkets dårskap, for en tid. Når menneskene synder, sender Han heller ikke med engang sine tordenslag, som dikteren sier. I mellomtiden lever menigheten i trengsler og sukk, i håp om de gudløses straff, slik Kristus viser i sin lignelsen om den urettferdige dommeren, Luk. 18.1-8. For de kristne synes det som om Guds tålmodighet er uendelig og derfor nesten uutholdelig, og den plager og ydmyker dem som bærer korset, ikke i ett eller to år, men i mange år.

Og likevel er denne vår lange lidelse ingenting sammenlignet med tålmodigheten til de hellige patriarkene som levde fem hundre, seks hundre og enda flere år i den samme prøvelsen. Ikke bare i tjuesju[9] år som oss, men hele sitt liv hørte de på de gudløses sang: «La oss sprenge deres bånd i stykker. Gud ser ikke. Han forstår ikke disse ting.» For de ugudelige glir til slutt inn i denne falske tryggheten, siden Gud er så tålmodig og utsetter straffen så lenge. Men når de gudløse roser seg i sin sikkerhet på denne måten, mens de kristne blir motløse og sukker, da er tiden nær da Gud, som lo mens de kristne gråt, og som sukket mens de ugudelige raste trygt, vil bli opprørt til vrede. Det er slutten på denne tragiske historien.

Derfor inneholder dette lille verset det søteste løfte, i likhet med dem som finnes overalt i Salmene: Salme 9.10: *Herren er en borg for den undertrykte, en borg i nødens tider*; Salme 10.14: *Du ser både ulykke og sorg, du ser det og tar det i din hånd. Den vergeløse kan overgi seg til deg, for du er den farløses hjelper;* Salme 68.24: *Så du kan bade dine føtter i dine fienders blod*; og Salme 110.5-6: *Herren knuser konger over hele jorden.* Dessuten er det ikke bare disse eksemplene fra Den Hellige Skrift som støtter disse løftene, men også nasjonenes eksempel. For slik går det alltid i verden: Sannhet og rettferdighet lider, og særlig i kirken blir sannheten spottet, hånet og slått, som om det ikke fantes noen Gud, eller som om Gud ikke så eller brydde seg om menneskelige forhold. Men hvis du ser enden, vil du se at sannheten kan angripes, men den kan ikke undertrykkes. For selv om han som bor i himmelen ler en stund av de gudløses forgjeves forsøk, vil han likevel ikke le i all evighet. Men han taler også i vrede, og på en slik måte at de gudløse blir forferdet, de som feiret gledelige triumfer som om de allerede hadde vunnet seieren.

Dette løftet er derfor vårt håp. Det tjener særlig til å vekke våre elendige samvittigheter, som de nesten undertrykker ved å synge: *La oss sprenge deres bånd.* For det står ikke i vår makt å pålegge dem taushet, slik at de ikke skal synge. Vi kan heller ikke bestandig lukke våre ører for at vi ikke skal høre de gudløses sang. Vi må derfor ignorere, utholde og gjennom tålmodighet overvinne denne falske tryggheten, inntil det øyeblikket da Gud begynner å tale. For Han har en enorm røst som en basun, som vil holde de gudløse tilbake, mens vi knapt kan åpne munnen for deres rop og larm. Partikkelen [אז] betegner ikke en bestemt tid eller grense, men er en ubestemt partikkel: Det vil skje at Han taler. På et eller annet tidspunkt vil Han til slutt tale, og latteren som er skjult mens de gudløse selvtilfreds synger, vil bli

---

[9] Veit Dietrich utga Luthers forklaring og korrigerte antall år slik at de passet med starten: 1517 + 27 = 1544.

åpenbart, slik Salme 91.8 sier: *Du skal bare følge det med øynene og se at de skyldige får sin lønn.* For Guds dom er ikke skjult. Guds vrede vil til slutt bli sett i et klart lys, selv om de gudløse tror at Han sover eller mener at Han ikke bryr seg om hva de foretar seg.

Det er lett å finne eksempler. Romernes monarki var svært mektig, men fordi det hadde til hensikt å ødelegge Kristi rike, ble det selv ødelagt og gikk til grunne. Men menigheten holdt fast ved troen på løftene og forble uskadd, selv om den ble alvorlig plaget. De som levde den gang, så med sine øyne gjengjeldelsen: Tusen falt på venstre side og ti tusen på høyre side, mens menigheten forble uskadd, Salme 91.7-8. Under kong Hiskia så Guds folk elendig ut 2. Kong. 19.20 ff. Assyrerne, som hadde ført ti stammer bort i fangenskap, beleiret Jerusalem og plaget andre deler av Juda rike alvorlig. Da lo Herren, som av et forgjeves angrep. Den plagede menigheten kunne ikke le, for den var sunket ned i tårer og klagesang. Men ble ikke Guds latter da endelig åpenbart? Begynte ikke menigheten også å le da hundre og åttifem tusen ble drept av Herrens engel i løpet av en natt? For den så med sine egne legemlige øyne straffen over de gudløse. Etter at folket var blitt ført i fangenskap til Babylon, så de Babylons ødeleggelse med sine egne øyne.

Historien viser altså at dette løftet ikke er tomt, men at selv om tiden ikke er åpenbart for oss da Herren vil frigjøre de kristne og ødelegge de fordømte, så vil det likevel skje en gang. Vi må bare ikke bli motløse, men fortsette i sterk tro under konstant bønn. For som vi sa ovenfor om den urettferdige dommeren, så ønsker Gud å bli påminnet og oppildnet av våre bønner. Derfor ønsker han at vi skal føle lidelse og bære den, men tro på utfrielse. Men la oss heller ikke legge skjul på vår erfaring. Ikke bare for at dette verset (v. 5) skal bli kjent som sant, men også for at vi skal være takknemlige overfor Gud ved å erkjenne, huske og prise hans umåtelig store velgjerninger og den vidunderlige måten han frelser og bevarer oss på.

Har ikke paven og biskopene, kongene og fyrstene, som holder seg til paven, sunget dette verset inntil heshet i nesten tretti[9] år nå: *La oss sprenge deres bånd og kaste deres rep av oss!* Og så iverksatte de mangfoldige planer og råd og hadde nesten seieren i sine hender, etter å ha delt seiersbyttet mellom seg, dvs. byene og festningene til våre fyrster. Men hva har de utrettet? Har ikke de som spilte hovedrollene i dette dramaet gått til grunne? Bare de ikke også går til grunne for evig! Og er ikke de som ennå er igjen, ulykkelige og fattigere enn Irus[10], for enten har de ved egen skyld mistet det som forfedrene etterlot dem, eller så beholder og beskytter de det med vanskeligheter? Ondskapens og straffens ende er ennå ikke kommet, for hver dag forverrer de sin sak og synker dypere ned i katastrofer.

La oss derfor holde ut i troen og i bekjennelsen av Ordet, og la oss ikke bli funnet blant dem som *har forkastet viljen til å holde ut,* som Sirak 2.14 sier. De kan undertrykke oss, drive oss, plage oss, ja, til og med drepe oss; men hvis vi ikke mister motet, hvis vi lider under disse onder i håp om utfrielse, vil Herren ikke forlate oss. For han lover her at han vil tale i sin vrede, og at de vil bli forferdet.

Følgelig må partikkelen av ubestemt tid observeres nøye: *Så taler han*, dvs. han vil tale på et eller annet tidspunkt, når det synes å være passende for ham. Latteren i himmelen er altså skjult, men denne talen vil bli merket på jorden. For han vil tale til de sangerne som fyller alt med en forferdelig larm og roper: «*La oss sprenge, la oss sprenge!*» Når han taler til dem, vil de høre ham fullkomment. Men det vil (som skrevet i v. 5) skje «*så*», ikke nå, som vi håper, fordi enhver forsinkelse under korset virker lang for oss. Vi ønsker derfor at Gud skulle tale nå, men Han vil ikke gjøre det. Han vil tale «*så*», nemlig når vi nesten fortvilet tenker at Han vil tie for alltid.

Men hva eller på hvilken måte vil Han tale? Her må vi legge merke til den hebraiske uttrykksmåten. For når Skriften sier at Gud taler, mener den et ord som er knyttet til en virkelig ting eller handling, ikke bare en lyd, slik som vår tale er. For Gud har ikke en munn eller en tunge, siden Han er en Ånd, selv om Skriften taler om Guds munn og tunge: *Han talte, og det skjedde, han befalte, og det sto der,* Salme 33.9. Og når Han taler, da skjelver fjellene, rikene blir spredt, ja, hele jorden blir satt i bevegelse. Det er et annet språk enn vårt. Når solen står opp, når solen går ned, da taler Gud. Når fruktene vokser i størrelse, når mennesker blir født, da taler Gud. Derfor er Guds ord ikke tom luft, men store og vidunderlige ting, som vi ser med våre øyne og føler med våre hender. For da Herren ifølge Moses sa: «La det bli en sol, la det bli en måne, la jorden bære trær osv.», 1. Mos. 1, så ble det gjort så snart han hadde sagt det. Ingen hørte denne røsten, men vi ser verkene og tingene selv for våre øyne, og vi rører ved dem med våre hender.

---

[10] Viser til Homer; Irus var en tigger fra Ithaka, hans navn brukes i ordtak for å beskrive arme, fattige mennesker.

I dette skriftsted trøster Den Hellige Ånd altså de kristne som sukker og puster tungt under korset, og samtidig skremmer han de ugudelige slik at de ikke blir selvtilfredse, men skjønner at Gud vil tale. Men når dette skjer i vrede, skjer det uten ende og uten håp om lindring. For når Herren er vred, er det ingen lek, ingen spøk. Men de gudløse får føle dette vredens ord, både i dette livet gjennom ulike plager og i det fremtidige liv, dersom de ikke snur om og kommer til omvendelse. Et slikt vredens ord hører Ungarn i dag, og Tyskland, siden det er plaget av tyrken på grunn av avgudsdyrkelse og forakt for evangeliet. Men Gud pleier også å tale i nåde, når Han gir fred, et rikt utbytte, gode dommere og fromme lærere. Dette er nådens ord. Slik står det i Salme 147.15-18: *Han sender sitt budskap til jorden, hurtig løper hans ord.* For han forklarer videre hvordan dette må forstås, nemlig at Han gir *snø, rim, hagl osv.*

Denne måten å snakke på finnes imidlertid bare i det hellige språket. Jeg formaner ofte ungdommen til å lære det (men nesten forgjeves), for en kunnskap om dette øker evnen til å forklare Skriften på en rett måte. Det er hentet fra Moses; i første Mosebok, når han viser at Gud har skapt alle ting ut av intet, taler han hele tiden på denne måten: *Gud sa: Bli lys! Og det ble lys. Gud sa: La det bli en hvelving. Og Gud gjorde hvelvingen osv.* Fra dette skriftsted ble denne måten å tale på hentet. For på samme måte som de greske dikterne har Homer og de latinske poetene har Vergil, som de etterligner stilen til, slik har de hellige profetene lært av Moses å tale korrekt om Guds handlinger. For de innså at når det gjelder Gud, er det å tale det samme som å gjøre, og ordet er gjerningen.

I dette skriftsted er det imidlertid fryktinngytende at profeten sier at Gud vil tale i sin vrede. For det er sikkert at ved dette vredens ord vil hele nasjoner gå til grunne, og ingen vil på noen måte være i stand til å redde seg selv fra å falle ved hjelp av makt eller kraft. Slik talte Gud i sin vrede da han sendte romerne mot den hellige byen Jerusalem, og da han senere sendte vandalene og goterne mot Roma. Det var fryktelige og store ord og en røst av jern, som styrtet de mektigste monarker. På samme måte taler han i sin vrede når han sender pest, hungersnød og andre plager. Dette vil endelig bli slutten på denne verdens raseri, at den vil oppildne den guddommelige majestet mot seg selv. Han vil tale ord som ikke er som menneskers ord, som bare treffer ørene, men ord som skremmer samvittigheten og er forferdelige å se på, nemlig mange tusen grusomme soldater og andre plager som velter hele riker fra sine grunnvoller.

Men hvor mye bedre ville det være å bære Kristi åk og ikke riste det av seg, selv om det er vanskelig for kjødet! Derfor kaster verden av seg dette åket. Men de som slutter seg til Kristus, må bære korset, fordi de har mektige og tallrike motstandere, som vi har sagt. Likevel gir Ånden en evig trøst og fred, ikke en kortvarig trøst og fred, slik som i verden. Faderen tukter den sønn som han elsker. Slik taler også Kristus i vrede mot kjødet, men taler også i nåde for ånden. De som ikke vil bære dette åk, disse bånd, vil høre en annen røst, nemlig mange tusen tyrkere som rykker frem, herjer vidt og bredt og ødelegger alt med ild og sverd.[6]

Men det er ikke nok for Herren at han har talt slik i vrede mot de gudløse. Forferdelse følger hans vredes røst, slik at hans fiender plutselig blir så slått i hjertet at de ikke vet hvor de skal vende seg hen. Dette er begynnelsen på ødeleggelsen. En slik kriger er vår Herre som bor i himmelen. I begynnelsen skjuler Han sin vrede og ler av de nytteløse angrepene. Men når de gudløse nekter å gi seg, sårer han ikke føttene eller hendene, han stikker ikke hull på øynene, men forferder deres hjerter. Når dette er gjort, kan selv noen få ubevæpnede mennesker lett overvinne dem.

De siste tjue årene har vi iverksatt mange tiltak mot tyrkerne, men uten å lykkes. Hvorfor det? Våre synder har vakt Guds vrede mot oss. Siden Han derfor ønsket å straffe oss, bevæpnet Han våre fiender, tyrkerne, med sinne og grusomhet mot oss. Men til oss sendte Han frykt, slik at vi med rette blir beskyldt for at vi har glemt vår tapperhet og har falt bort fra våre forfedre. På denne måten forferdet han også sitt eget folk, jødene under Nebukadnesar, babylonerne under Dareios og Kyros, perserne under Aleksander og grekerne under romernes imperium. For dette lille verset har alltid forferdet og styrtet Kristi fiender, og det vil også styrte tyrken og paven. Derfor skriver Den Hellige Ånd at han dreper og ødelegger hele verden, fordi den ikke vil opphøre med dette vanviddet å kjempe mot Herren og hans salvede Kristus.

Når det står at Herren vil tale, er det dessuten tydelig at de ugudelige er uforbederlige og ikke vil la seg helbrede av dem som kommer til dem med Herrens ord som er et nådens ord. For hvis de ga akt på Ordet og lot seg undervise, ville de oppgi dette ønsket om å motarbeide Gud. Men siden de ikke hører, men fortsetter selvtilfreds i sin forakt for Ordet og den sunne lære, vil de bli tvunget til å høre en annen røst, som er vredens røst, og som venter på alle Ordets motstandere. For når mennesker ikke vil la seg omvende, men som blinde presser på med sin egen hensikt, følger det av dette lille verset at Gud taler i sin vrede og skremmer de ubotferdige. Dette er Tysklands synd, som fører til sikker undergang. For selv om vi med stor iver formaner til å ta imot Ordet og forkaste ugudelige ritualer, så hører de fleste biskoper og fyrster ikke på oss, men blir heller enda mer opphisset mot oss. Vi skal også vente på denne vredens røst, som de uvillige og fortapte gudløse blir tvunget til å høre. I mellomtiden skal vi gjøre som Lot i Sodoma, Abraham midt blant kaldeerne og fangene i Babylon. For selv om de forsøkte å helbrede den gudløse verden, kunne de ikke gjøre det. I stedet fikk de en uverdig behandling, så deres sjeler ble plaget dag og natt. Heller ikke i dag kan vi høre på pavens gudsbespottelser og avgudsdyrkelse uten at det gjør vondt i hjertet. Men hva skal vi gjøre? De ønsker ikke å bli helbredet. På samme måte som apostlene ikke var i stand til å kalle Jerusalem tilbake til omvendelse, slik oppfordrer våre biskoper til sin egen ødeleggelse. Dette må vi tåle inntil Herren begynner å forkynne for dem, ikke med en røst som vår, som de fordømmer som om det var en drøm, men med vredens røst, som med ett åndedrag omstyrter riker og kongedømmer.

Men med slike eksempler lærer vi at overalt hvor Ordet er, vil det følge en viss ulykke og ødeleggelse på grunn av dem som setter seg opp mot Ordet. Men Ordet vil ikke falle i verdens ruiner, men vil stå fast. Menigheten vil også stå fast, uansett hvor hardt den blir rammet eller hvor liten den er. For denne Kongen vil ikke opphøre å være konge, bare fordi de gudløse blir forskrekket. Men nettopp derfor vil han tale i sin vrede og derfor vil han forferde sine fiender, for at Ordet og menigheten kan forbli intakt. For det er bare gjennom Guds styrke at menigheten fortsetter og ikke bryter sammen selv om den lider. Ja, under korset samler den sine krefter og vokser. Og så fortsetter salmen med å lære oss om Ordets seier og vår Konges majestet, som om de gudløse fiendene var blitt drevet langt bort, og sier:

6. Det er jo jeg som har innsatt min konge på Sion, mitt hellige berg

Her ser du den endelige dommen, at den guddommelige majestet truer med å styrte og ødelegge alle som motsetter seg hans ord, men lover likevel å redde sin Konge, Kristus, og hans rike, det vil si Ordet. Det er imidlertid bare troen som kan forstå alt dette, ikke kjødet eller fornuften. For kjødet kan ikke tro at alt står og faller med det ene menneske, Jesus, som ble født av Maria, så at for hans skyld måtte hele verden falle og gå til grunne i stedet for at hans rike skulle bli skadet. For hvis kongene og fyrstene trodde dette, ville de være på vakt, de ville omfavne ham, ikke hate ham; og de ville heller ikke forsøke å undertrykke ham. Men fordi de ikke tror, fordi de ser så mye på de synlige ting, dvs. deres makt og rikdom, men forsømmer og forakter det usynlige, dvs. Ordet, så faller de som blinde, den ene etter den andre, inntil de alle går fortapt. Det har vi både gamle og moderne eksempler på. For Kristus er, som Daniel sier, «en stein som fyller hele jorden; de som står Ham imot, skal knuses til støv», Dan. 2.34, 35, 45. Og Kristus selv sier i Lukas 20.18: *Hver den som faller mot denne steinen, skal bli knust. Og den som steinen faller på, skal knuses til støv.*

Å forkynne slik om Kristus i vår tid er heller ikke noe nytt. For vi ser eksemplene fra de fire riker som ligger i støvet, fordi de hardnakket satte seg opp mot dette riket (Dan. 2). I motsetning til dette har menigheten i alle århundrer blitt alvorlig trakassert av verden; likevel består den, vokser, gleder seg, priser Gud, forkynner hans velsignelser, mens djevelen og verden er rasende og forarget. Ja, det er på grunn av dette verset, for her ser den at denne Konge er blitt utnevnt og innsatt på Sion. La den som vil, kaste ham ned derfra! Vi fryder oss og takker Gud for at alle verdens og djevelens forsøk er forgjeves. Derfor kan vi i tillit til dette verset trygt forakte dem og le av dem.

Videre vil du med den største omhu observere noe viktig i dette skriftsted: For det første personen som taler, det vil si den evige Gud Faderen; for det andre personen som Faderen taler om; for det tredje også stedet som Den Hellige Ånd navngir. Legg nøye merke til disse tre, sett dem opp mot alt som er forskjellig fra dem, og forakt dette som om det var intet. For dette vers, rett betraktet, fyller himmel og jord, så at ingenting kan sees utenom det, hvor stort og strålende det enn måtte være for verden. For hvem er det som sier: «*Jeg*»? Er det ikke himmelens og jordens Herre, som har skapt alle ting ved sitt Ords kraft? Sammenlign Ham med verden og all verdens makt. Hva vil den være? Hva vil den være i stand til å gjøre mot denne Herren? Er ikke verden her på grunn av hans tale? Hvis han sa det, ville ikke verden da opphøre å eksistere og plutselig bryte sammen? Denne Herren over alle, den eneste evige, eneste vise, eneste rettferdige, eneste allmektige Gud, sier derfor: *Jeg har innsatt min konge.*

Tenk også over hvem og hva denne personen er. Verden har også sine myndigheter, som hersker med guddommelig autoritet, som Paulus sier: *Alle myndigheter er fra Gud,* Rom. 13.1. Likevel er de, som Peter kaller dem, en *menneskelig ordning,* 1. Pet. 2.13, dvs. at de er opprettet ved en menneskelig forskrift, og at de bare er satt til å sørge for ytre og legemlige ting. Men denne Kongen, vår Herre Jesus Kristus, er utnevnt direkte av den evige Faderen selv til å være Konge. Han kalles Faderens Konge, dvs. den Kongen som er innsatt av Faderen. *Jeg,* sier han, *har innsatt min konge.* Derfor skiller han ham ut fra alle verdens konger.[1] For selv om han har innsatt de andre - som Paulus sier: «All styresmakt er fra Gud» - så kaller han dem likevel ikke for sine konger. Derfor er dette den ekstraordinære og fornemme Kongen som Herren og den evige Faderen har utpekt til å være sin Konge. Derfor respekterer, ærer, omfavner, og som det står senere, kysser andre konger ham med rette. Fordi han er som den ene edelsten sammenlignet med alle de andre konger og deres riker, som knapt er som murstein og leire.

Men hvilken hensikt tjener det å merke seg stedet, å si at Kongen er blitt innsatt på Sions hellige berg? Sannelig, dette må vi legge spesielt merke til. For det fysiske stedet nevnes for å få oss til å tro at denne guddommelig utnevnte Kongen er et sant menneske og en virkelig person, som kan gripes, ses med øynene og berøres med hendene. For vi må ikke følge den tåpelige fantasien til de mennesker som gjemmer seg i hjørner og praktiserer visse kroppslige øvelser, venter til Gud taler til dem, og innbiller seg at alt de tenker eller drømmer er profetier og stråler fra Den Hellige Ånd. For dette var munkenes dumhet.

Men hvis Gud hadde ønsket å undervise oss på denne måten, å tale med oss, å opplyse oss, ville Han ikke ha utpekt en bestemt person. Han ville heller ikke ha utpekt et sted på jorden hvor denne Kongen kunne forventes, hvor han kunne bli hørt. Nå er imidlertid denne personen i høyeste grad definert. For det første er han Guds Sønn. For det andre er han Konge i Sion, det vil si en Davids sønn, Davids arving som ble lovet David som konge over det omskårne folket, som David hersket over. Vi bør derfor omfavne denne mannen som lærer i Sion, som åpenbarer seg i Sion, fordi Han er den guddommelig utnevnte Kongen.

For selv om det er en synekdoke[11] i navnet «Sion» - for det betyr ikke stein og tre, men de som bor i Sion - betyr det likevel at stedet er fysisk, og det lærer oss at vi skal omfavne denne Kongen, som kalles Sions Konge.

Men hvis du tar Sion i en materiell forstand, ville det være over med oss hedninger, fordi vi i dag ikke eier dette fjellet, for det beherskes av Hagars barn. Nå består imidlertid vår frelse og all vår trøst i dette, at vi har, bekjenner og omfavner denne Kongen som var på det hellige berg Sion, det vil si, som ble lovet David slik at «Han skulle regjere over Jakobs hus for alltid og sitte på sin far Davids trone» som engelen sa til Maria, Luk. 1.32-33. Siden Faderen selv ga dette løftet til David, er det med rette sagt at Kongen er innsatt av Gud på Sions berg, der David satt som konge.

---

[11] Synekdoke fra gresk synekdokhe, av syn og ekdokhe = oppfattelse av flere ting på én gang. Talefigur som består i å sette en del for et hele. Synekdoke ifm. *Sions berg* brukes i Heb. 12.22-24: *Dere er kommet til Sions berg, til den levende Guds by, det himmelske Jerusalem, til englenes myriader, til høytidsskaren og menigheten av de førstefødte som er oppskrevet i himlene, til en dommer som er alles Gud, og til de fullendte rettferdiges ånder, til Jesus, mellommannen for en ny pakt, og til bestenkningens blod som taler bedre enn Abels blod.* Luther forklarer den åndelige betydning av *Sions berg* i forelesning over Davids Salmer til studentene i Wittenberg. Gjengir utdrag fra Luthers kommentar til det aktuelle vers Salme 2.6: Kristi kirke kalles *Sions berg*, fordi den begynte der og ble innstiftet da Den Hellige Ånd ble sendt. Selv om menigheten ikke er bundet til noe sted, var det nødvendig at den skulle ha sin begynnelse på et bestemt sted. Derfra ble den spredt utover hele jorden, slik at Kristi ord skulle bli oppfylt, Joh. 4.21: *Den time kommer da dere verken skal tilbe Faderen på dette fjell eller i Jerusalem.* Navnet Sion betyr et vakttårn eller et utkikkstårn. Menigheten kalles slik, både fordi den ser etter Gud og de himmelske ting gjennom troen, dvs. på avstand, ved å se *mot det som er der oppe, ikke mot det som er på jorden*, men også fordi det i den finnes rette vektere, de årvåkne i Ånden, som har ansvaret for å ta vare på de mennesker som er iblant dem, og å passe på fienders og synderes listighet. Men poenget er at Sion er et fjell, slik menigheten er *høyt hevet* for Gud, nemlig en åndelig opphøyelse, pga. storheten i menighetens nåde, nådegaver, dyder, gjerninger osv. Gjennom alt dette har Gud opphøyet den over all menneskelig makt, visdom og rettferdighet, som det står i Jes. 2.2 og Mik. 4.1: *Det skal skje i de siste dager, da skal fjellet der Herrens hus står, være grunnfestet på toppen av fjellene og høyt hevet over alle høyder.* Dette må jeg tolke av hensyn til kjødelige drømmere, som alltid drar Guds Ord til verdens ytre prakt. Menigheten er *høyt hevet over* all verdens makt og høyder, ikke gjennom rikdom eller makt, men gjennom tro, håp, kjærlighet og slike dyder som forakter verdslig rikdom og makt.

Dette er altså vår konges tittel, innskrevet på det diadem som den evige Fader har smykket ham med, at han er Sions Konge på det hellige Sions berg og i byen Jerusalem, vår Herre Jesus Kristus, født i tiden av jomfru Maria. Om ham har alle profetene forutsagt at han skal ha sitt sete på Sions berg som Davids sønn og arving. Slik står det i Sakarja 9.9: *Bryt ut i jubel, datter Sion! Se, din konge kommer til deg.* Jesaja 2.3: *Lov skal gå ut fra Sion, Herrens ord fra Jerusalem.* Salme 110.2: *Fra Sion rekker Herren ut ditt mektige septer.* Jesaja 59.20: *Det skal komme en gjenløser for Sion.* Obadja 21: *En som løser ut, skal komme til Sion.* Alle disse profetenes vitnesbyrd fører oss til det fysiske Sion, det vil si til Davids folk og sete, så vi derfra skal forvente at rettferdighet og en elv av rent vann skal springe ut. Den Hellige Ånd gir oss altså denne trøsten til slutt i denne verdens og djevelens opprør og hat; som om Han ønsket å si: «Frykt ikke, lille hjord. Hold ut og bær all skade. La verden være stolt av sin rikdom og makt inntil vredens dag kommer og undertrykker de ubotferdige. Men min Konges rike skal stå fast, for han er innsatt som Konge av meg, ikke av dem. På samme måte som de ikke innsatte ham som Konge, vil de heller ikke avsette ham.»

Men hvorfor kaller Han Sion et hellig fjell, når fjellet i seg selv ikke var noe annet enn stein og tre, og menneskene som bodde der var av kjøtt og blod, som mennesker fra andre folk og byer? Og ville ikke denne høyverdige tittelen passe bedre på fjellet der templet sto og gudstjenesten fant sted? Jo, svarer jeg: Jeg har ofte sagt at det ikke er noe som er vanskeligere for oss å tro enn at vi er hellige, for vi blir sjokkert over våre egne og andres krenkelser og vår åpenbare svakhet. Så på samme måte som andre ikke kan innrømme for seg selv at vi er hellige, tør vi heller ikke selv å tillegge oss selv denne æren. Denne forestillingen om hellighet bør imidlertid ikke tas fra oss, verken av andre eller av oss selv; men på samme måte som det er vanlig på tysk å tale om en god mann eller en god mor, bør vi i menigheten være fortrolige med hellighetens navn. Men som sagt, vi er påvirket av vår åpenbare svakhet. For siden vi er av kjøtt og blod, siden vi ikke vandrer i skyene, men er opptatt med det vanlige arbeidet i husholdningen og det verdslige samfunnslivet, så tilslører disse tingene helligheten. Derfor er det absolutt nyttig at våre hjerter blir undervist i dette tilsynelatende enkle spørsmålet.

Det er generelt vanlig å svare slik: Sions berg, eller folket som bodde i Sion, hadde en dobbel hellighet, eller det var et hellig folk av to grunner. For det første fordi det hadde Guds ord og gudstjenesten. Gjennom dette Ordet ble steinene og treverket og til og med menneskene selv helliggjort på en slik måte at hvis noen drepte en jøde, ble det sagt at han hadde drept en hellig mann. Dette var ikke på grunn av personen selv, men på grunn av stedet og menneskene som var helliget ved Guds ord, ja, ved at Gud selv bodde der. For det andre var det en annen og større hellighet. For siden Gud bodde i dette folket gjennom sitt Ord, var den sanne menigheten, som var helliget ved troen, bare å finne i dette folket og ingen andre steder. For de hellige visste at den velsignede ætten skulle komme, og at Guds Sønn legemlig skulle ofre seg selv som et offer for hele verdens synder. Ved denne troen fikk de gjennom den lovede ætten syndenes forlatelse og Den Hellige Ånd og ble i sannhet helliggjort. På grunn av disse i sannhet helliggjorte menneskene, selv om de var få, ble hele folket senere kalt hellig, fordi det var det eneste folket hvor det bodde hellige mennesker. Dette er en større og mer sann, ekte hellighet enn den vi talte om tidligere.

Det fjerde budet: *Du skal hedre din far og din mor,* bør forstås slik: «Far er hellig, mor er hellig, øvrigheten er hellig» og dette budet helliggjør dem med en allmenn hellighet, fordi det er en guddommelig befaling at vi skal adlyde dem. Dette er imidlertid en befaling som ikke bare forplikter ett folk, men alle folk overalt. Derfor når denne guddommelige befaling ut til alle folkeslag. Far og mor og myndighets-personer som er kristne, har også annen hellighet som ikke er så generell, men spesiell, fordi de er døpt i Jesu navn og helliggjort ved troen på løftet og ved Den Hellige Ånd. På denne måten var Sions berg et hellig fjell, for det første på grunn av lovens hellighet, siden Ordet og gudstjenesten var der; for det andre på grunn helliggjørelsen gjennom nåden, fordi det hadde fått løftet om syndenes forlatelse gjennom den fremtidige ætten. Dette løftet ble oppfylt, ført frem derfra og spredt av apostlene til hele verden og deretter også trodd av hedningene. På denne måten, sier jeg, ble Sions berg tatt i besittelse ved tro. Men det sanne svaret og den egentlige meningen er at Sions berg kalles hellig, ikke for sin egen eller for folkets skyld, men pga. Kongen selv. På samme måte som det er en vanlig talemåte også for oss å tale om en «røverborg» hvor det bor røvere, eller om en «handelsby» hvor det bor kjøpmenn, slik kalles også Sion et hellig fjell, ikke på grunn av David, som bodde der, men på grunn av Kristus. Han er så hellig at han helliggjør dem som tror på ham, det vil si at han tilgir synder og skjenker den Hellige Ånd. Det er dette fjellets hellighet som det har fra Kongen.

Så lenge denne Kongen består, skal vi også bestå, selv om paven, tyrken og alle som hater denne Kongen raser til de sprekker. Vi vil heller ikke slutte å håpe på denne vår Konge før vi ser at han styrtes ned fra dette sete som Gud Fader har satt ham på. Vi tror dessuten at dette «*Jeg*» (v. 6), som har utnevnt ham til Konge, ikke vil tillate verden å omstyrte det han selv har grunnlagt, slik alle århundrers erfaringer viser. For denne Kongens fiender har alle falt , men Han selv hersker uskadd. Lær derfor først at denne Kongen er utpekt av Faderen, og dernest at vi må forvente å finne Ham på det hellige Sions berg.[11] Vi bør derfor vende våre øyne hit, og da skal vi ikke ta feil. Men verden, som forakter Sion og fremprovoserer opprør mot denne Kongen, vil ta feil.

Hittil har profeten undervist oss om Kongen som er blitt utnevnt og kalt en oppvigler, sammen med hans opprørske lære. Jeg kaller ham «opprørsk» uten at det er hans skyld, men fordi verden, det vil si kongene, folkene, fyrstene, vismennene og de hellige religiøse mennesker, føler seg støtt av ham, og av denne grunn begynner de å rase og skape splid.[12] Selv om denne profetien ikke er helt komfortabel, så er den likevel nødvendig for å bekrefte oss, slik at vi ikke blir motløse når disse tingene skjer og vi blir beskyldt for opprør sammen med vår Konge og hans lære. For i denne faren har vi Ham som vår forsvarer og rettferdiggjører, Han som taler her og sier: *Jeg har innsatt min konge.*

Dette er vår unike trøst som vi klamrer oss til, ja, som vi står i, og som vi til og med er stolte av. Med denne trøsten kan vi rett og slett se bort fra alle konger og herskere, alle hedningene og folkeslagene med all deres makt og krefter. Vi kan få dem ut av syne og ignorere dem. For dette «*Jeg*» er sterkere, mektigere og klokere enn dem alle. Derfor vil han bevare sin Konge mot verdens raseri. Hvis han blir frelst, da vil også vi bli frelst, vi som er hans undersåtter. Derfor må man holde fast ved dette usynlige som denne salmen viser oss, og se bort fra det synlige. Men etter at han har beskrevet stedet eller setet for denne Kongen, åpenbarer profeten også hans embete. Da vil du ikke bare vite hvor han er, men også hva du kan forvente av ham og hva han vil gjøre.

---

[12] Viser til ApG. 24.5, 28.22.

7. Jeg vil kunngjøre det som er fastsatt. Herren sa til meg: Du er min Sønn, jeg har født deg i dag!

Disse ordene er ganske vanlige og kjente i alle kirker og klostre. Men de blir på ingen måte forstått riktig, fordi de er så betydningsfulle og inneholder så store saker. For å si veldig mye med få ord: Hele loven blir avskaffet her (Ef. 2.15). Kristi embete er beskrevet så klart det går an, nemlig at han ikke skal bære sverd, at han ikke skal grunnlegge en ny stat, men være en lærer som skal undervise menneskene om en viss ukjent, men evig, Guds forordning.

Selv om andre konger[1] også må lage lover og styre ved hjelp av lover, er deres viktigste oppgave likevel ikke å undervise eller vedta lover, men å straffe onde mennesker med sverdet og forsvare gode mennesker. De er derfor som Guds ordensmakt eller bødler. For, som Paulus sier, «de bærer sverdet for å skremme de onde og for å ta hevn», Rom. 13.3-4. Deres egen plikt er derfor ikke å undervise, for de hersker ikke over samvittighetene eller hjertene, men de skal bare holde folks hender i tømme. På samme måte som en svinehyrde driver grisene og fører dem på beite bare etter de fem sanser, slik er verdens konger gjetere, som ikke styrer samvittighetene, men kroppene, som kveg. Men vår Konge, som Den Hellige Ånd profeterer om her, er en Konge som er utnevnt og ordinert til å undervise. Han er derfor på samme tid både prest, lærer og teolog, for å undervise og lære sitt eget folk om Gud og for å herske over samvittighetene.

Dette er den forskjell som skiller vår Konge fra alle andre konger, og den må vi være meget nøye klar over. For det er djevelens stadige grunntanke og utrettelige virksomhet å forveksle dette riket med verdens riker. Djevelen vil gjøre en verdslig konge av Kristus, som kun er en lærer for samvittighetene. Og paven, som er et spesielt redskap for djevelen, har forkastet Kristus helt og holdent i den grad han er en lærer, og har grepet sverdet. De nøklene som Kristus har gitt til kirken, har paven faktisk brukt til politiske formål. Fanatikerne eller sekteristene blir forført av de samme tankene og overtar statens oppgaver. For de opphever tidligere regjeringer og innfører nye skikker og nye sedvaner. De tror at dette er evangeliets spesielle frukt. I Marburg hørte jeg selv Zwingli med stor stolthet erklære at han hadde fått sveitserne til å fjerne de røde luene som de pleide å bære en stund som soldater, når de var i krig. Karlstadt var heller ikke mer fornuftig når han la så stor vekt på at han forlot skolen og studiene og ikke kalte seg en lærer, men en ny lekmann. For han skrev i titlene på bøkene sine at han var en ny lekmann. Men disse absurditeter stammer fra uvitenhet om Kristi rike. Fordi de ikke skiller mellom Kristi rike og verdens riker, gjør de kristendommen til et spørsmål om å forandre visse ytre ting. Men Kristus overlot dette til verdens konger; til sitt eget folk sier han: *Slik skal det ikke være blant dere,* Matt. 20.26. For hans rike består i Ordet, og hans embete er å undervise. Han overlot omsorgen for svinene til verdens konger. De har fått en stav som de kan drive kveg med. Men hans embete er, som salmen sier her, å forkynne, å fortelle om Guds forordning. Denne definisjonen av Kristi rike er klar nok og gir den riktige avgrensing. Men det er få som virkelig forstår den. Den skadelige blandingen av begge riker klamrer seg stadig til folks hjerter i en slik grad at det er vanskelig å adskille dette riket riktig fra verdens rike, selv for åndelig innstilte mennesker. De som tror på et annet liv etter dette livet, ser likevel at kongers og stattholderes tjenester er nødvendige for dem i dette livet, men at de trenger Kristus Kongen for et annet og evig liv.

Personbyttet bør ikke forvirre leseren, for det er svært vanlig på hebraisk, som når man sier: «Leve min Herre Kongen», sier man ikke noe annet enn: «Leve du, o konge.» Så i dette skriftsted vil meningen bli lettere å forstå hvis man fjerner personbyttet: «Jeg har innsatt min konge på Sion, mitt hellige berg, for at han skal forkynne min befaling, for han er min Sønn, som jeg har født i dag.» Men Den hellige skrift beholder sin egen språkbruk, som man må venne seg til.[24]

Likevel vil ikke dette personbyttet virke helt unødvendig for den som tenker nøye over det. For det har stor betydning at Kongen selv prediker og kunngjør Herrens rådslutning. For som jeg har sagt, dreier det seg først og fremst om å vise at denne Kongen også er en lærer. Da har den Hellige Ånd utvilsomt også tenkt på dette, for å lære oss at Gud gjør alt gjennom Sønnen. For når Sønnen forkynner loven, så forkynner Faderen selv, som er i Sønnen eller er ett med Sønnen. Og når vi forkynner om det samme påbudet, forkynner Kristus selv, slik han sier: *Den som hører dere, hører meg,* Luk. 10.16.

Dette er en svært treffende beskrivelse av hvordan Kongen vil tale eller predike muntlig. For dette skriftsted handler helt og holdent om muntlig snarere enn åndelig forkynnelse. For det står ovenfor: *Jeg har innsatt min konge.* Gud selv synger dette verset om seg selv og sin Sønn. Men vår Konge synger til oss: *Jeg vil kunngjøre.*

For Han er en offentlig lærer som er sendt for å predike, slik Matteus 11.5 sier: *Evangeliet forkynnes for fattige.* Han innehar dette embetet for at dere ikke skal tro at Han er en verdens fyrste. For han bærer ikke et sverd, men Ordet, og det er denne Kongens septer. Så ta imot Ham som en veileder for samvittigheten, som en prest og lærer. Og dette er også grunnen til at de andre kongene motsetter seg ham. For hvis han var stille, hvis denne Kongen ikke forkynte, ville verden være stille. Men denne forkynnelsen fører til at hele verden griper til våpen.[3]

Begrepet ḥōq, [חֹק], *det som er fastsatt*, har en meget vid betydning og betyr vanligvis et dekret, en seremoni, måte eller en skikk. *Det som er fastsatt* svarer til det tyske ordet for «lovgivning» eller «lov», for det brukes også svært vidt, som når vi sier: Land-lov, by-lov, far-lov, datter-lov osv. I dette skriftsted betyr det følgelig en ny måte å undervise på. For Moses overleverte mange seremonier og kongene på jorden også har sine lover og vedtekter, men denne Kongen fastsetter et annet nytt dekret, forskjellig fra alle Moses og de andre kongenes dekreter. Dette må forstås slik at det vil avskaffe alle lovene, også Moses egne, fordi de ikke duger for å oppnå evig frelse. For når det gjelder syndenes forlatelse, døden og det evige liv, kort sagt alt som har med samvittigheten å gjøre, så er Moses taus, lovene er tause, og alle kongene er tause. Men denne Læreren og Kongen er den eneste som skal høres. Han vil forkynne som dette verset lover.

Men her må vi nøye ta hensyn til datidens forhold. For da disse profetiene ble skrevet av David gjennom Den Hellige Ånd, var loven fortsatt i kraft, og det mosaiske prestedømmet var i sin høyeste blomstring. Hvis denne Kongen ikke skulle komme med en annen lære enn den Moses kom med, ville dette løftet være nytteløst. For Moseloven eksisterte allerede. Hvis denne Kongen vil forkynne noe annet enn Moses gjorde, slik dette løftet klart gir uttrykk for, kan man spørre: «Hva kan undervises bedre enn det Moses lærte, han som kom med de ti bud, den høyeste og virkelig guddommelige visdom, som lærer oss om de høyeste og helligste gjerninger?» Og ikke mindre viktig er det som følger om bruken av Guds navn, sann påkallelse, takksigelse og studiet av Ordet. For her utelater jeg læren om den andre tavlen som langt underordnet. Dette er de høyeste plikter og den viktigste gudstjenesten, riktignok erklært av Moses, men befalt og nedskrevet av selveste Guds visdom. Følgelig er de hellige ti bud, den høyeste lære om gjerninger. Ingenting annet i hele verden kan sammenlignes med den.

Spørsmålet er nå: Hvilken lære er det her lovet at Kristus skal spre? For konklusjonen er åpenbar: Hvis det i lovens og prestedømmets periode loves en lærer som skal undervise menigheten, følger det at han vil bringe en annen lære enn Moses, levittenes, prestenes eller profetenes, som var menighetens forstandere og lærere da løftet ble skrevet. For det at Han lover denne læreren, er akkurat som om Han skulle si: «Til nå har dere ikke hatt noen konge som lærer og som har undervist i det budet som denne min Konge skal undervise om. Dere har riktignok hatt lærere, men ikke tilstrekkelige, for den rette lærer var ennå ikke kommet. Derfor vil dere vente på denne Min Lærer, som ikke vil undervise som Moses. For hva skulle det tjene til å love noe som dere allerede har i hendene? Men han vil komme med en annen lære, større, bedre, mer nyttig og hellig.»

Men hva slags undervisning er dette? Hva er dette dekretet som er fastsatt? Utvilsomt dette: *Herren sa til meg: Du er min Sønn*. Paulus er en glimrende fortolker av dette verset, når han i begynnelsen av Romerbrevet sier: «Gud har på forhånd gjennom sine profeter i de hellige skrifter lovt evangeliet om sin Sønn, som nedstammet fra David etter kjødet og ble utpekt til Guds Sønn med kraft etter hellighets Ånd ved sin oppstandelse fra de døde», Rom. 1.1-4. Dette er den nye læren som skulle spres til hele verden gjennom Guds Sønn, som salmen sier her. Den gamle læren fra Moses er: Frykt Gud, stol på Gud, elsk Gud og din neste som deg selv, Luk. 10.27. Men denne læren er langt mer utmerket. For den lærer oss ikke hva vi bør gjøre. Dette er lovens egentlige funksjon, som krever visse gjerninger av oss og truer med Guds vrede hvis vi ikke gjør dem. Derfor gjør den ingenting annet enn å skremme, true og plage oss, og den gir oss ingen hvile. For det den krever, kan vi ikke utføre. Denne Kongen er ikke en slik lærer. Han krever ikke våre gjerninger av oss, men gir oss sine gjerninger. Han lærer oss ikke hvem vi er, for det gjør loven, men hvem han er, slik at vi kan ta imot ham og gjøre bruk av hans gaver, selv om vi ikke har oppfylt det Moses krever.

Denne Kongens lære er forskjellig fra all annen lære, til og med fra selve Loven, som likevel er mest fullkommen når det dreier seg om gjerninger eller om hva som er riktig for oss å gjøre. Men læren om denne Kongen lærer ikke om gjerninger, men om den personen som Herren har sagt til: *Du er min Sønn*. En kortfattet lære, presentert rent og enkelt, uten utdypninger, uten detaljer! Men hvis man reflekterer riktig over disse få ordene, så antyder de spontant sine egne utdypninger, som evangeliet tydeliggjør. Det skildrer denne personen tydeligere og lærer at han ble unnfanget av Den Hellige Ånd, født av Maria, en jomfruelig mor, led under Pontius Pilatus, døde, ble oppreist fra de døde ved Guds kraft og sitter ved Faderens høyre hånd. Det lærer oss at vi har fått befaling fra himmelen om å høre på ham, at vi skal feste blikket på ham, slik jødene gjorde i ørkenen på kobberslangen, og at vi under ingen omstendigheter må vende oss bort fra hans ord. Vi skal tro at alt det han sier og gjør gjelder vår frelse. For evangeliet er overalt opptatt av dette. Derfor viser det oss Kristi underverker og predikener, lovpriser ham for oss og innbyr oss til å ta imot, følge og verdsette ham. For når vi gjør dette, går vi ikke feil, men holder oss på den rette veien til frelse.

Dette er en mer majestetisk og fremragende lære enn loven, hvis formål bare er å fortelle oss hva vi skal gjøre. Men evangeliet gjør ikke loven overflødig. For loven er også Guds røst som alle bør adlyde. Men selv om loven består, lærer evangeliet oss noe høyere. For ingen er i stand til å adlyde loven. Evangeliet forkynner derfor om Guds Sønn, som Faderen har født i dag, dvs. fra evighet av, og utnevnt til Sions Konge, dvs. Gud ville at han skulle fødes som menneske og lære oss. Heretter må hjertene av egen fri vilje vekkes til å lytte til denne store Kongen og iaktta hans gjerninger. Dette er følgelig den høyeste artikkel i vår tro, å vite at Marias Sønn er Guds evige Sønn, sendt av Faderen for å predike, ikke for å føre krig. For han har sin styrke i sin munn, ikke med et sverd i hånden. Dette er summen av hans lære, at Han sier: «Den evige Fader har født Meg i evighet.» Dette er den viktigste del av vår tro og den høyeste artikkel i evangeliet. Av denne grunn har djevelen motarbeidet den så sterkt gjennom Arius og hans ugudelige etterkommere.

Selv nå slutter ikke djevelen å gjøre denne artikkelen vaklende i våre hjerter. For hvor ellers kommer frykten, tårene, sukkene og klagene fra de kristne fra, enn fra det faktum at denne trosartikkel ennå ikke står fast nok i våre hjerter? For hvis vi med sikkerhet trodde at denne Jesus er Guds Sønn, hva skulle vi da frykte, siden det er sikkert at Han står ved vår side og er sendt av Faderen for vår skyld? Men vi elendige mennesker blir angrepet av synder, vi frykter døden, vi frykter fordømmelsen, bare fordi vår samvittighet tviler på om Kristus er Guds Sønn. For hvis vi virkelig trodde dette, ville vi forakte synden som en ubetydelighet, og vi ville le av døden og djevelen, fordi disse fiender er beseiret og avvæpnet. For hva er vel synden, døden og djevelen for Guds Sønn? Men at vi ikke tror dette, er ikke en mangel hos Mesteren eller hans ord, men hos oss, som enten er helt uten tro eller har en svak tro. Derfor er dette vår Konges lære, at Han erklærer at den evige Gud har sagt fra evighet av: *Du er min Sønn, jeg har født deg i dag!* Du ser dessuten at det ikke er snakk om våre saker og gjerninger her, slik som loven gjør, men her er det bare tale om denne Guds Sønn med hans Ord og hans gjerninger.

Men la oss nå sammenligne disse (to vers 6 og 7) med hverandre: I det foregående vers kaller salmen Ham for konge og sier uttrykkelig at Han er innsatt på Sion som konge. Derfor følger det som en sikker konsekvens at han er et menneske; hvordan kunne han ellers være en konge på et fysisk sted? Av denne grunn står det at han ble innsatt som konge av Gud. Det er ikke riktig for Gud å bli innsatt, men å innsette, siden Han er Skaperen. Denne kongen er imidlertid innsatt; derfor er han et menneske, en skapning. Dette, selve innsettelsen, salvingen og det fysiske stedet, beviser at han er et sant, synlig og håndgripelig menneske, som også underviser med en menneskelig stemme. Menneskene tvilte aldri på dette, og det krever heller ingen troshandling. For de kunne se med sine øyne at han var et menneske som hadde kjøtt, ben og blod, noe som ikke tilhører Gud, men et menneske og dermed en skapning.

Men er det nok å vite dette om denne kongen? På ingen måte. Han er også Guds Sønn, født fra evighet av. Dette kan ikke sees med øynene, og det er derfor Kongen selv som lærer oss det. Det er et spørsmål om tro. For ikke å forvrenge teksten må man veie ordene: *Du er min Sønn, jeg har født deg i dag!* Gud er utenfor tiden, et åndelig vesen. Derfor kan Han ikke avle noe timelig, noe fysisk, men føder noe som er likt Ham selv, det vil si evig og åndelig. Men siden Han sier dette om den personen som er innsatt på Sion, for at Han skal være Konge på et fysisk og synlig sted, hva følger da av dette? Er det ikke slik at denne mannen som ble født i tiden av jomfru Maria, eksisterte før han ble unnfanget i Marias liv ved Den Hellige Ånd, ja, fra evighet av? For «*i dag*» har ingen begynnelse og ingen ende når det gjelder Gud, som vi senere skal påpeke. Slik forener denne teksten det guddommelige (vers 7) og det menneskelige (vers 6) slik at de blir ett, slik at man med rette kan si: «Dette mennesket er Gud. Denne mannen er Gud.»

Vi må holde fast ved denne troen, som denne salme viser oss, mot djevelens tunger, som har forsøkt å rokke ved denne artikkel, og også mot vår fornufts dårskap. For når uforstandige mennesker begynner å strides om den guddommelige majestets fullkommenhet, vakler de og faller i gudsbespottelser, likesom Lucifer falt fra himmelen. For når vi først har fjernet oss fra Ordet, hva kan vi elendige mennesker da mene om så store ting? Vi gjør mye bedre i å følge denne salmen, som allerede har stått fast og ukrenkelig i tre tusen år mot all vranglære, og som klart og skjønt forkynner at denne Kongen både er menneske og evig Gud. Vi bør også være enige i denne definisjonen. Og alt det vi hører eller tenker utover det som ikke stemmer overens med denne definisjonen, skal vi forbanne og fordømme som fanatisme og blasfemi konstruert av djevelen.

Den ugudelige Arius innrømmet Kristus navnet «Guds Sønn», men samtidig beholdt og forsvarte han den blasfemiske læren om at vi også er Guds sønner på samme måte. Hvor mye mer riktig har ikke Paulus sagt at vi er sønner ved adopsjon, men at han er en Sønn av natur (Gal. 4.4-5). Og så kaller han Ham *bildet av den usynlige Gud*, Kol. 1.15. Hvor treffende og kraftfullt bruker ikke Hebreerbrevet denne salmens vitnesbyrd, når det sier, Heb. 1.5: *For til hvem av englene har han noen gang sagt: Du er min sønn, jeg har født deg i dag!* For det løfter også denne Kongen opp over englenaturen, som likevel inntar førsteplassen blant skapningene. Og det med rette, for englene og erkeenglene ble skapt gjennom Guds Sønn. Og Paulus kaller av den grunn Sønnen πρωτότοκος πάσης κτίσεως, dvs. *den førstefødte fremfor enhver skapning*, Kol. 1.15, for å kunne plassere ham utenfor og over englene og alle andre skapninger.

Vi bør leve i denne enkelheten og ikke begi oss ut på dette dype og enormt store havet av uenighet om slike spørsmål. For denne artikkelen er svært vanskelig, først på grunn av sin subtilitet, deretter også på grunn av vår svakhet. Det er derfor en fullstendig dårskap og et ytterst farlig prosjekt å ville undersøke disse tingene nærmere. For hvis vi kunne gjøre det, ville vi ikke trenge Skriften som veiviser. Nei, da ville heller ikke denne Læreren og Kongen være nødvendig for oss. De som forsømmer Skriften og nærmer seg slike spørsmål i tillit til sin egen mentale kraft, er Guds lærere, ikke hans elever. Derfor vil de bli kastet ned og falle som Phaethon, som hadde til hensikt å herske over solen. Gud klager over dette overmotet når Han sier gjennom profeten, Jes. 46.5: *Hvem vil dere sammenligne meg med?* For det er typisk for alle kjettere, hyklere og sekter å finne på et annet bilde av Gud for seg selv.

En munk bekjenner med sin munn at han tror at Kristus er Guds Sønn. Men i tillegg til denne Guds Sønn oppfinner han noe ut fra sin egen vilje og tror at Han godkjenner hetten og denne særegne livsstilen og vil skjenke evig liv for det. Men, du hykler, hvem har befalt deg å feste en slik falsk nese, så å si, på Guds Sønn? Hvem har overbevist deg om at Gud ønsker noe slikt av deg? Når en munk lever hellig etter sin regel, er han derfor verken mer fornuftig eller bedre enn Arius. Han sa nemlig at Gud bare er én, men at Kristus kalles Guds Sønn fordi han er den mest fullkomne og den første av alle skapninger, som alle andre skapninger er blitt til gjennom. For hvis Kristus er Guds Sønn og vi skal finne trøst i Ham alene, fordi Gud sendte Ham som Frelser, hvorfor setter da en munk slik tillit til sitt eget verk som han selv har funnet på? Disse ulykkene kommer av at hjertet spekulerer om Gud, men utelater eller neglisjerer Ordet. For enhver spekulant er en oppfinner som oppdikter noe som i virkeligheten ikke finnes, for han følger sin egen fornuft. I disse store spørsmålene må man følge Ordet. For fornuften kan verken begripe slike store spørsmål eller av seg selv overvinne sine egne spekulasjoner. Zwingli og Karlstadt var slike spekulanter. For etter at de hadde gått bort fra Ordet som sier at brødet er Kristi legeme og vinen Kristi blod, var det nødvendig for dem å finne på noe annet. De koste seg med denne deres baby, eller idé, som en mor med sitt spedbarn. Og uansett hva de etterpå leste hos fedrene, bestemte de seg for at alt dette tjente deres sak. Men hellige ting må behandles med større respekt. Denne Kongen, som har embetet som Lærer, må man lytte til, hans ord må man holde fast ved. Man skal ikke anta noe som er fremmed for hans ord eller i strid med det. For når Kristus sier om brødet: *Dette er mitt legeme*, sier de: «Dette brød er ikke noe annet enn brød.» Og når Han sier om kalken at det er Det nye testamentes blod, så hevder de at vinen bare er vin, og at den betegner, men ikke er dette blod. Hvem er så blind at han ikke ser at disse utsagnene står i motsetning til hverandre? Likevel er det noen som lovpriser disse fanatikere til skyene.

Poenget med dette skriftsted er altså at vi skal tro og bekjenne med denne salmen at Kristus, som er en Lærer og Konge på Sion, er Guds Sønn, født av Faderen fra evighet av, over, hinsides og før alle skapninger. Han er derfor ikke en skapning i henhold til denne fødselen; som Athanasius riktig sier: «Født, ikke skapt.» Hvis fornuften her forstyrrer deg og spørsmål oppstår som hos tyrkerne[6]: «Finnes det da to guder?» Svar: «Det er bare én Gud, og fremdeles er det Faderen og Sønnen.» «Hvordan er dette mulig?» Svar med ydmykhet: «Det vet jeg ikke.» For Gud har ikke villet at man skal kunne se disse tingene med øynene. Han har bare gitt det til kjenne i Ordet og ønsket at det skulle bli trodd. Når vi gjør dette, tar vi ikke feil. Da følger vi lyset som Gud selv har tent. Men vår fornuft er blind og ute av stand til å skjønne slike store ting.

Her endres personene igjen (v. 7). For Han kunne ha sagt: «Jeg er Guds Sønn.» Men talen tilskrives Faderen. Dette skjer imidlertid av den grunn at han henviser alle ting til Faderen som opphavsmannen, slik Kristus har for vane å gjøre i sine predikener. Overalt påberoper han seg Faderens autoritet. Han sier at han taler i samsvar med Faderens hensikt. Han sier at Faderen gjør det han selv gjør. Han sier at han ikke gjør noe av egen vilje, Joh. 8.28, men på Faderens befaling, slik at alle gjennom Kristus kan lære Faderen å kjenne, tro på Faderen og lovprise Faderen. Det er denne Lærerens spesielle måte som Den Hellige Ånd ønsker å vise i dette skriftstedet, når han tilskriver stemmen til Faderen og likevel viser at denne Kongen er Læreren. Han ønsker helt klart, slik Kristus også gjør, å lede oss gjennom Kristus til Faderen.

Men dette tjener også til å trøste hjertet. For samvittigheten blekner og skjelver av frykt ved Guds navn. Den erkjenner virkelig sine synder og frykter hans vrede. Derfor skjelver den for Guds røst og foretrekker å høre tyrken[6] eller djevelen. Denne følelsen er for eksempel vakkert skildret i historien om lovens innstiftelse, da folket utbrøt: *Tal du til oss, så vil vi høre. Men la ikke Gud tale til oss, for at vi ikke skal dø!* 2. Mos. 20.19. For på samme måte som den guddommelige majestet ikke kan sees med menneskets øyne, kan heller ikke våre ører høre hans stemme. Kristus vet dette og henviser derfor alltid til Gud Faderen, uansett hva han sier eller gjør, for å fordrive denne redselen fra våre hjerter og fjerne dette triste bildet som vi selv har skapt fra våre øyne. For hva er det i Kristus som ikke er fullt av trøst, vennlighet og kjærlighet? Når du ser ham henge på korset, dekket av blod og når du vet at det er Guds vilje ifølge hans egne ord - vil ikke dette gjøre Guds navn søtt for deg i stedet for fryktelig? Du vil ikke frykte noe ondt fra Gud, som sender sin egen Sønn for dette formålet. Du vil også bli fylt av et sikkert håp om hans barmhjertighet og kjærlighet mot deg og hele menneskeslekten. Dette skriftsted er nyttig og tjenlig med tanke på dette formålet. Den Hellige Ånd tilskriver Faderen denne stemmen: *Du er min Sønn.* Kristus selv henviser overalt til Faderens autoritet og vilje, ikke for sin egen skyld, som om det var nødvendig for ham å tale slik, men på grunn av vår samvittighet, for at vi skal tro at vi har en mellommann som stiller seg mellom oss og Gud, som går i forbønn for oss, som elsker oss, som dør for oss - og alt dette i henhold til hans evige Faders vilje.

Denne måten å undervise på er ny og ukjent for verden og helt skjult for de gudløse, men kjent for de kristne. De lytter villig til denne læreren på Sion. Selv om han selv underviser, så underviser han likevel bare det som Faderen taler. *Herren,* sier Han, *sa til meg: Du er min Sønn,* som om Han ønsket å si: «Jeg lærer ikke selv, jeg bare taler og siterer det som er blitt meg fortalt. Derfor, den som hører meg, hører Faderen. For selv om det er jeg som forkynner, er det likevel ikke jeg, men det er ett Ord som jeg taler og som Faderen tenker.» Det er nyttig å lære dette, for at vi ikke skal tro at Faderen mener noe annet om oss, enn det Sønnen gjør. Det er helt sikkert at Sønnen ikke hater oss, siden han dør for oss. Samme overbevisning kan du ha om Faderen og tro på det. For Kristi røst er den usynlige Faderens røst. Sannelig, Sønnen taler fra Faderens munn, og Faderen taler igjennom Sønnens munn, for Faderen og Sønnen er ett, Joh. 10.30. Selv om personene er forskjellige (det vil si at Faderen ikke er Sønnen og Sønnen er ikke Faderen), så er likevel viljen og Ordet det samme.

Dette tjener også en annen hensikt. Det hindrer våre tanker i å forlate Kristus for å søke, lytte til og påkalle Faderen. Men, som Kristus sier til Filip, Joh. 14.9-11, så bør vi absolutt tro at når vi ser, hører, påkaller og tilber Kristus, så ser, hører, påkaller og tilber vi Gud Faderen. Derfor bør vi holde fast ved denne Læreren og ikke la oss lokke bort fra hans Ord. For det du hører fra Ham, hører du fra den evige og usynlige Fader. Det finnes verken en annen Gud eller noen annen Guds vilje å oppsøke ved siden av denne Kristus. De som hengir seg til sine egne ideer og forestiller seg Gud og hans vilje uten Kristus, mister derfor Gud helt og holdent. Derfor må det som den Hellige Ånd sier her: *Herren sa til meg,* forstås mht. til den sanne guddommelighet, på samme måte som Hebreerbrevet (1.5) gjør bruk av nettopp dette vitnesbyrdet.

De lærde har forstått uttrykket: *Jeg har født deg i dag!* på forskjellige måter. For noen utlegger det som om det gjelder Kristi fødsel, andre om oppstandelsen og tiden for Det nye testamente. Men vi bør beholde det som det er, ῥητόν, dvs. bokstavelig talt. For det hebraiske ordet betyr uttrykkelig «å avle». I dette skriftsted kan det ikke forstås med hensyn til den naturlige eller timelige fødsel (for det taler ikke om mennesker, men om Gud), og følgelig betyr det den evige og usynlige fødselen. Derfor er det et ord som ikke kan forstås eller begripes av den menneskelige fornuft. Sønnen gjør det kjent for oss, men med mindre vi tror det, vil vi aldri forstå det.

Det er i sannhet et ord som kommer til oss fra det «utilnærmelige lyset som Gud bor i», 1. Tim. 6.16. Når det er tale om mennesker, blir det forstått. Men her, når den evige Fader, som er en Ånd, taler dette ordet om sin egen Sønn, kan det ikke forstås. Dessuten ser du i dette skriftsted en todelt tiltale. Den første er intern, når Herren taler med Sønnen. Vi verken hører eller forstår det, men det blir bare forstått av Ham som taler det og Ham som det blir talt til. Den andre er ekstern, når Sønnen taler med oss: *Herren sa til meg: Du er min Sønn.* Dette hører vi riktignok, men vi forstår det heller ikke, for det vil og kan bare forstås av troen. Jeg oppfatter derfor dette skriftsted som en henvisning til den evige fødsel.

Augustins argument mishager meg ikke, når han sammenligner verbets fortid *(sa)* med adverbets nåtid *(i dag)* og sier at i Guds tilfelle finnes det verken en fortid eller en fremtid, men utenfor tiden og i evigheten er alt i nåtid. Og likevel ønsket Den Hellige Ånd å bruke fortid for å betegne fullendelsen av fødselen. Ellers, hvis vi ønsker å snakke som det er, vil Guds Sønn bli født og har blitt født i dag, hver dag og alltid. For evigheten har verken fortid eller fremtid. På denne måten må uttrykket «i dag» forstås som tiden slik den er for Gud, ikke for oss. For Gud taler ikke med oss, men med ham som er utenfor tiden i Guds nærvær. Vi har slike tidsforskjeller, slik at i dag er noe annet enn i går og i morgen. Denne forskjellen er ukjent i evigheten, der det ikke finnes noen tid, verken fortid eller fremtid, men et evig *«i dag»*, slik Peter sier: *For Herren er én dag som tusen år og tusen år som én dag,* 2. Pet. 3.8. For begynnelsen, slutten og midten av tiden er bare ett øyeblikk hos Gud.

Vi gjengir disse ordene som papegøyer uten å forstå. For vi er timelige, eller mer nøyaktig, en liten bit av tiden. For det vi var, er borte, og det som kommer til å bli, mangler vi fortsatt. Vi eier altså ikke noe av tiden, bortsett fra noe momentant, det som er til stede. Av dette følger at adverbet *«i dag»* refererer til Sønnens evige fødsel, noe som klart beviser at Han ikke er en skapning, siden Han ble født *«i dag»*, det vil si i evigheten, i den mest nåværende fødsel, så å si uten begynnelse og uten ende.

Dessuten, som jeg sa ovenfor, hvis du sammenligner disse utsagnene, at denne Sønnen ble født fra evigheten og at han ikke desto mindre er Konge på Sion, følger det at hans fødsel er todelt, utenfor tiden og innenfor tiden, og at denne personen som ble født av jomfru Maria, på samme tid er sant menneske og sann Gud. Vokt dere for å diskutere mer sofistikert hvordan dette ble gjort eller kunne ha blitt gjort.

Følg med enfoldig tro Ordet, som lærer oss om disse tingene; og unngå argumenter. Det er sannelig ikke noe menneskeskapt påfunn at denne mannen som er født av Maria, sies å være Gud og født av Faderen fra evighet av. Skriften alene lærer oss dette. Vi bør derfor tro på det som en artikkel som er overlevert og vist oss av Guddommen, uten at vi oppdaget det av oss selv. Vi bør heller ikke vurdere så store ting ut fra vår ynkelige posisjon, vi som bare har et kort øyeblikk av tiden og ikke engang kan forstå evigheten.

Nå har du altså i denne salmen fått fremstilt de viktigste artiklene i vår tro, hvem og hva slags Konge Kristus er, nemlig født av Faderen fra evighet av og innsatt på Sions berg; dernest hvordan hans rike er, nemlig at han er en lærer hevet over loven og Moses. For han underviser ikke om vårt verk, men om seg selv, at han er Guds evige Sønn, for å vekke oss til å ta imot ham og tro på hans fortjenester og gjerninger. Denne Kongen vil snart åpenbare seg mer fullstendig gjennom sine ord og gjerninger for den som erkjenner og tror på disse ting. Du vil verken forakte eller neglisjere hans ord, for du vet at han er Guds Sønn. Du vil også se hans gjerninger. Du vil med den største glede høre at han ble menneske, at han led døden på korset, og at han oppsto fra døden. Du vil helt sikkert tro at han ikke gjorde disse tingene for sin egen skyld, for som Guds Sønn manglet det ikke noe i ham, men for din skyld, for at du skulle bli fri fra døden, fra synden, fra djevelens snarer og tyranni. Du vil virkelig stole på denne Kongen, og du vil tro at du gjennom Ham får evig liv. Alt dette vil følge når du holder fast på at Kristus er Guds evige Sønn.

Av dem som ikke holder fast på denne artikkelen, er det noen som, i likhet med tyrkerne[6], anser Kristus for bare å være en profet, selv om de opphøyer ham. Andre, som paven, opphøyer ikke hans gjerninger og ord, men søker andre hjelpemidler som de håper på syndenes forlatelse og evig liv fra. De vet også at han ble født av Maria og led under Pontius Pilatus. Men alt dette er bare historisk for dem. De blir ikke vekket til tro. De får ikke gjennom disse tingene et sikkert håp om frelse. Men på samme måte som de leser historiene om Judas eller Israels konger, slik vet de også disse tingene om Kristus. Det kan neppe være annerledes. Hele evangeliet blir bare historie når denne hovedartikkelen om Kristi evige fødsel er gått tapt. Alt avhenger i sannhet av den. Og blant dem som holder fast ved denne artikkelen, er Kristi ord og gjerninger ikke døde historier, men levende ting som Guds Sønn har holdt frem for at vi skal leve gjennom dem.

Legg derfor nøye merke til dette verset: *Du er min Sønn, jeg har født deg i dag!* Ordene er få, men de har en enorm tyngde og kan ikke forstås av fornuften. For når den beveger seg bort fra tiden og det timelige, så er den helt blind og uforstandig; den verken ser eller føler noe. Derfor er troen nødvendig. Men fornuften skal ikke si noe, men tie, slik Paulus krever av kvinnene i menigheten 1. Kor. 14.34. På samme måte som Den Hellige Ånd hittil har lært oss om denne Kongen ut fra det som kommer først, eller (hvis det er tillatt å uttrykke seg slik) ut fra den effektive årsak, at han var født av Faderen fra evighet av, så vil han nå begynne å beskrive ham ut fra det som kommer senere. Han vil vise ut fra selve virkningene at denne Kongen ikke bare var menneske, men også Gud.

8. Begjær av meg, så vil jeg gi deg hedningene til arv og jordens ender til eie

Dette verset må oppfattes som en beskrivelse av både riket og personen på samme tid. Arius benyttet seg også av dette skriftsted for å protestere på Kristi guddommelighet. Arius hevdet: «Hvis Kristus var Gud av natur, så var han allerede herre over *hedningene og jordens ender.* Men her ber han som om han var underordnet Gud og mottar noe han ikke hadde hatt før. Han er altså ikke Gud, men han er den mest fullkomne skapning. Av denne grunn har han også dette navn at han kalles en Guds sønn.» Slik blir skarpsindige hoder djevelens verksted, når de lar seg lede bort fra Ordet og stoler på sin egen fornuft. Vi snur mye heller hele argumentasjonen rundt og konkluderer slik: «Sønnen er her utnevnt til Herre over *jordens ender*, det vil si over alle skapninger. Derav følger det at Han er Gud av natur.» For slik sier Herren: *Jeg gir ikke noen annen min ære*, Jes. 42.8. Han gir sin egen herlighet til denne personen, og dermed gir Han den ikke til en fremmed, men til en som er lik Ham selv, det vil si til Gud. Men forskjellen mellom personene består. For den ene gir, men den andre begjærer at det blir gitt. Han er faktisk pålagt å begjære. Men hvorfor dette? Hvis han er Gud, hvorfor tar han da ikke bare det som er hans? Hvorfor er det nødvendig for Ham å begjære det?

Jeg svarer på dette: Salmen taler ikke om Guds Sønn slik han var fra evighet av, for på denne måten er han Herren over hele skapningen, dvs. han mottar ingenting, men eier alt. Men salmen taler om Kongen av Sion, det vil om den Guds Sønn som ble menneske, om mannen som ble født av jomfru Maria, og som begynte sitt rike i det legemlige Sion,[11] gjennom evangeliet. Til denne mannen, *som for en kort tid var satt lavere enn englene,* gir Gud myndighet over nasjonene, slik at alle skal være underlagt ham, slik at alle skal håpe på syndenes forlatelse og evig liv gjennom ham. Og Sønnen blir pålagt å begjære denne autoriteten, slik at han faktisk kan vise ærbødighet og sin usigelige ydmykhet overfor Faderen. Han trenger seg ikke på. Han griper den ikke av egen fri vilje. Han forblir i korsets ydmykhet, som Han sier, Matt. 11.29: *Lær av mig! for jeg er saktmodig og ydmyk av hjertet.* Han venter til Faderen opphøyer ham. Dette er derfor en Johannisk uttrykksmåte, dvs. Kristi egen uttrykksmåte, for han er vant til å tale på denne måten: *Min Far er større enn jeg,* Joh. 14.28; *Det ordet som dere hører, er ikke mitt, men Faderens,* Joh. 14.24; *Min Far arbeider inntil nå, også jeg arbeider,* Joh. 5.17. For han pleier overalt å nevne Faderen som opphavsmannen og å henvise alle sine handlinger til Faderen, ikke bare for å skremme de gudløse, men også for å trøste de kristne, som vi sa litt tidligere. Lær derfor å anvende dette verset mot arianerne. Kristus aksepterer herredømmet over hedningene, men han aksepterer det på en slik måte at han selv er Herre, slik at hedningene gjennom ham skal få *rettferdighet og rett, nåde og sannhet,* som Salme 89.15 vitner om. Imidlertid ligger ikke slike ting i englenes hånd. Gud alene tilgir synder og rettferdiggjør. Gud alene befrier fra død og evig fortapelse. Gud alene gir Den Hellige Ånd. Gud alene er også sannferdig. Siden Sønnen har fått befaling om å øse ut disse gavene over folkeslagene, hvem ser da ikke at han er Gud av natur? For dette er ikke en skapnings gjerninger. Likevel er denne person, som Gud Faderen har gitt dette, av Davids ætt, og han sitter på sin far Davids trone. Uttrykket *«så vil jeg gi deg»,* som er så fullt av anstøt for arianerne, er altså fullt av trøst for oss. Fordi Guds Sønn har vist seg i vårt kjød som *Davids ætt,* hører dette ordet med til den erklæring som Paulus taler om, Rom. 1.4, at Han *ble godtgjort å være Guds veldige Sønn,* som har alle ting fra Faderen.

På denne måten fornærmer ikke ordet *«begjær»* oss, men oppbygger oss. Og det lærer oss at når vi vil be om noe, skal vi ikke løpe til Gud uten ærbødighet på samme måte som hedningene, tyrkerne eller jødene, som til en ukjent Herre; men vi skal hengi oss til Sønnen, mellommannen mellom oss og Gud, som Faderen har overgitt alt til. Som Kristus sier, som om han siterte nettopp dette stedet fra salmen i Matt. 28.18: *Meg er gitt all makt i himmel og på jord!* Slik skal vi få det vi håper på. Våre hjerter vil ikke tvile, slik tyrkernes og jødenes hjerter nødvendigvis tviler når de påkaller noen de ikke kjenner. Men vi kjenner Kristus, som er erklært å være Guds Sønn, siden makt over folkeslagene ble gitt til Ham. Og så «ber vi i hans navn, og får alt det vi ber om», Joh. 16.23-24. Disse tingene måtte sies mot den arianske pesten med noen få ord i begynnelsen, for å bekrefte den høyeste artikkelen i vår tro. Vi forklarer nå ordene.

Denne Kongen blir innsatt på sin far Davids trone på Sion. Der, blant Davids folk, begynner han sitt rike - ikke med sverdet, som David, men bare med Ordet, for han er en predikant. Men det riket som begynner på Sion blant Davids folk, slutter ikke der. Tvert imot utvides grensene for dette riket ut over alle folkeslag og til *jordens ender.* Det vil si at det riket som ble påbegynt i Jerusalem, det Ordet som først ble forkynt på Sion, spres ut over hele jorden, slik det står i Salme 19.3-4: *Det er ikke en tale eller et språk, hvis lyd ikke blir hørt.*[13] *Men målesnoren deres er gått ut over hele jorden, deres ord til jorderikes ender.* Det som gikk forut (forklaringen av v. 7) må da knyttes til dette verset (v. 8). Fordi Kristus er erklært å være Herre og Konge over hele verden, skal man ikke av den grunn falle i den dårskap å betrakte alle politiske myndigheter som ikke legitime makter, dvs. som ulovlige ran. Noen hevder ganske visst noe slikt, men det er absurd. For det foregående verset sier at denne Kongen er en lærer (forklaringen av v. 7). Følgelig vil han ikke ødelegge regjeringene, han vil ikke endre samfunnets lover, han vil ikke gripe etter kongedømmer. Disse vil forbli i samme tilstand som de var før i verden. Det vil si at konger og fyrster som gjør sin plikt, vil bli velsignet. På den annen side vil de som forsømmer sitt embete, bli straffet. Denne Kongen vil ikke endre eller oppheve denne verdens gang eller orden. For *hans rike er ikke av denne verden.* Men til alle riker og til alle regimer, vil han bringe det nye Ordet og den nye læren om seg selv, slik at alle som tror på ham og blir døpt, skal få syndenes forlatelse og evig liv. Dette er denne Kongens rike, dette er hans herredømme, dette er hans imperium. De som ikke tror, som ikke tar imot ham, vil bli straffet med den evige død. De vil heller ikke kunne frigjøre seg fra synder eller unnslippe syndens straff.

Men dette vår Konges rike, denne hans lære, er anledningen til oppstyret som salmen talte om i begynnelsen. For hedningene er i opprør, folkene legger planer,

---

[13] Norsk og dansk oversettelse av Salme 19.3 er feil, misforstås som *deres røst høres ikke.* Men meningen er den mosatte, dvs. at deres røst høres. Korrekt oversatt i svensk, King James og Luthers oversettelse, jf. Rom. 10.18. Her er gjengitt svensk Salme 19.3 på norsk.

kongene rører på seg og herskerne konspirerer, bare av den grunn at de vil gjøre ende på denne Kongen og hans lære som Han gjør gjeldende og hersker gjennom. På grunn av dette ruster nasjonene og folkene seg opp med egen fornuft og visdom samt med en fri vilje, som gjør at de tilpasser seg et ærlig og tilsynelatende hellig liv. For hvis ikke dette i noen grad var underlagt menneskets krefter, hvilken nytte ville da disiplin og lover ha? Noen lar sine lyster være bundet av lovens lenker, mens andre bryter lenkene som gale hunder og hengir seg til sine lyster. Hvem skjønner ikke at det å tøyle sine lyster er et verk av den menneskelige fornuft som den kan utføre av seg selv, uten Den Hellige Ånd?

Med disse gaver, nemlig fornuftens lys og viljens frihet, blåser hedningene seg opp og ønsker å undertrykke denne Kongen. Samtidig fordømmer han fornuftens lys og viljens frihet og avviser dem som ubrukelige for syndenes forlatelse og det evige liv. For denne Kongen lærer at man bare kan oppnå syndenes forlatelse og evig liv gjennom hans død og hans fortjeneste, og han sier at denne makten ble gitt ham av Faderen. For øvrig vil han at menneskene skal bruke fornuftens og dømmekraftens eller viljens lys til å ordne denne verdens saker og til å bevare ærlighet i det ytre liv. Fornuften og viljen tjener nemlig begge disse formålene. Men for hedningene synes dette å være for lite. De ønsker å bli frelst ved hjelp av disse naturens gaver. Siden Kristus kritiserer dette, gjør de opprør og fordømmer denne Læreren eller Kongen med hans lære.

«Hvordan kan da Kristus være Konge over folkeslagene», vil du spørre, «siden de ikke vil ha ham og forkaster ham, ja, gjør opprør mot ham?» Jeg svarer: Hvis de hedninger som avviser Kristus, gjorde det til sin egen fordel, da ville det helt sikkert føre til skade for Kristus, Kongen. Men hedningene forkaster Kristus og risikerer den aller største faren selv, nemlig med fortapelsen som uunngåelig konsekvens. Kristi rike blir derfor ikke skadet av denne grunn, men den vantro verden skader seg selv og påkaller sin egen fordømmelse. Derfor står dommen fast: «Herren har gitt Kristus Kongen herredømmet over alle folkeslag. Derfor kaller han på alle hedninger gjennom sitt evangelium. Han vil at alle skal komme til tro. De som hører og er lydige mot evangeliet, får syndenes forlatelse og evig liv. De som ikke tror, forblir i sine synder. De kan heller ikke frigjøre seg fra sine synder ved hjelp av fornuften eller den frie viljes krefter. Derfor skader de ikke Kristi rike når de motsetter seg det, men de skader seg selv.»

Dette verset (v. 8) har altså ikke bare til hensikt å vise at Moseloven må avskaffes,[14] siden det nye riket som Kristus har opprettet også må overføres til hedningene. Men det viser også at alt som kan oppnås ved hjelp av fornuft og vilje, må forkastes, siden det ikke er noe verdt for frelsen og det evige liv. Derfor er det verken god oppførsel, andre dyder som viljen kan finne på, eller gjerninger som man påtar seg, hvor vanskelige de enn måtte være, som fortjener syndenes forlatelse. De forsoner oss heller ikke med Gud, det gjør bare troen på Guds Sønn. Men som jeg har sagt er denne læren årsak til uro og opprør i verden. For hvorfor blir vi ellers fordømt i dag? Er det ikke nettopp fordi vi sier at denne Kongen i himmelen er vår rettferdighet og fordi vi hevder at ved troen på Ham alene oppnår man syndenes forlatelse og evig liv? Men verdens raseri bør ikke påvirke oss. Vi vet jo ut fra denne salmen at herredømmet over alle folkeslag er gitt til vår Konge for at de skal være hans eiendom, dvs. for at de gjennom ham skal bli frelst og få syndenes forlatelse og Den Hellige Ånd. Men en annen dom vil bli avsagt senere over dem som ikke ønsker å kjenne ham.

Ordet *hedningene* (v. 1) skal altså ikke bare forstås kjødelig, men det omfatter også alt det som hedningene eier, dvs. rettferdighet, visdom, makt, lover og andre ting som de tror beskytter dem mot både samfunnsmessige og evige onder. Se på Romerriket, som var beundringsverdig befestet, ikke bare med makt, men også med lover. Du vil finne utmerkede menn, hvis dyd blir rost til skyene overalt i litteraturen. Verden lovpriser dem og menneskenes hjerter beundrer dem fremfor alt pga. deres energiske religionsutøvelse. Men hva sier denne salmen? *Begjær av meg, så vil jeg gi deg hedningene.* Det betyr: «Verken makt, lover, dyd eller religion vil hjelpe Romerriket. De er dine, og de vil bli gitt til deg, dvs. hvis de tror på deg, vil de behage meg og være i nåde. Hvis ikke, vil Jeg kaste dem ned og fordømme dem, og de vil ikke være i stand til å beskytte seg selv.» Dette verset tjener altså til å trøste oss mot korsets anstøt. For som salmen sa innledningsvis, er hedningene i opprør, folkene knurrer, kongene reiser seg, herskerne rådfører seg med hverandre, og disse ting skjer ikke uten at kirken kommer i fare og det oppstår visse ulemper. Men vi bør tro at Kristus ber om herredømme over hedningene, og at det er gitt Ham av Faderen.

---

[14] Viser til Ef. 2.14-18.

Derfor kan verden rase, djevelen kan gjøre et opprør med hele helvete, men de vil ikke seire. For Kristi rike er og forblir, og han skal *herske midt blant sine fiender.*[15]

På denne måten bør vi oppmuntre oss selv også i vår egen kamp, når våre hjerter er skrekkslagne pga. loven, synden og døden. Da bør vi gripe fatt i dette verset: *Jeg vil gi deg hedningene til arv og jordens ender til eie.* Det betyr at vi skal tro at Kristus ved Faderens autoritet ble utnevnt til Herre over alle ting, slik at frelsen er avhengig av ham alene. Vi *ble døpt til hans død,* Rom. 6.3, og når vi påkaller hans navn, når vi stoler på hans ord, skal vi tro at seieren vil bli vår, og at vi gjennom ham skal overvinne døden og helvete. For Gud Faderen forkynner ikke om *rødløk og hvitløk* [16] her. Han overgir alt i Sønnens hender for at de som tror på ham, skal bli frelst, men de som ikke tror, skal gå fortapt og bli fordømt. Derfor bør ikke verden, djevelen eller vårt hjerte skremme oss. Vi er riktignok plaget og undertrykt på ulike måter, men Guds Sønn har gått foran oss, nettopp på denne veien. Han opplevde også hedningenes larm og kongenes trusler og angrep, men til slutt ble han erklært for å være Konge over alle jordens folkeslag. Han hersker til frelse for de troende og til fordømmelse for de vantro. En bemerkelsesverdig trøst for de troende er at vi har ham som Herre, han som er hersker over hele verden, han som kongene og alle folkeslagene, ja, til og med djevelen selv, må tjene og adlyde, eller dø og gå til grunne. Hvis man bare betrakter det synlige, oppdager man ikke dette, men likevel viser utfallet at Den Hellige Ånd taler sannheten.

Se hvordan Kristi rike var på apostlenes tid. De som forkynte om denne Kongen og viste ham frem for verden, var få, ja, de var de mest foraktelige og et utskudd av folket. Synagogen derimot blomstret i verdighet og makt og motarbeidet våre lærere med all sin makt. Til slutt kom Romerriket og drepte mange tusen martyrer, så blodet fløt, for å undertrykke denne Kongen. Da så det ikke ut til at Kristus hadde

---

[15] Salme 110.2: *Din makts kongestav skal Herren rekke ut fra Sion: Hersk midt iblant dine fiender!*

[16] Luther mener: Gud forkynner ikke om verdens goder som kjødet begjærer, slik som Israels folk under ørkenvandringen, 4. Mos. 11.4-6: *Hopen av fremmede blant dem ble grepet av grådig begjær, og Israels barn begynte igjen å jamre seg og sa: Hvem skal gi oss kjøtt å ete! Vi minnes fisken som vi åt i Egypt, og som vi fikk for ingenting, og gresskarene og melonene og purren og* **rødløken og hvitløken!** *Men nå er vår sjel uttørret, for her er ingenting! Vi ser ikke annet for våre øyne enn mannaen.* Gud Faderen forkynner her om det som er uendelig mye mer verdifullt for oss mennesker, dvs. nåden i Jesus Kristus, se Gal. 5.17 og Åp. 2.17.

herredømmet over nasjonene. Hedningene syntes å dominere ikke bare apostlene, som de drepte (tilsynelatende) ustraffet, men også Kristus selv, som de spottet. Til tross for dette, hvem legger ikke merke til at både synagogen og Romerriket ble overgitt til denne Kongen? De ville ikke ta imot ham, og nettopp derfor gikk de til grunne, slik at det knapt er noen rester eller skygger igjen av denne store makt. Dette verset har altså gjort slutt på alt og alle som har motarbeidet Kristus. Og vi skal ikke tvile på at Kristi fiender som i dag motarbeider evangeliet, vil gå til grunne på samme måte. Dette er sannelig ikke en tom røst: «Jeg skal gi folkeslagene til deg.»

Jordens konger reiser seg, og hedningene larmer, men til slutt innser de at angrepene er forgjeves og at undergangen er sikker. På samme måte raser døden, synden og loven i våre hjerter. Men fordi det står skrevet her: *Jeg vil gi deg hedningene osv.,* kan disse våre fiender reise seg og yppe seg, men de kan ikke vinne seier. For dette er gitt til vår Konge, som er innsatt på Sion. Ham tilhører riket, makten og æren i all evighet. Amen.

Det samme bør vi tro om vranglærere og kirke-forstyrrere. Zwingli og Karlstadt skaper nå forstyrrelser. De prøver å overtale de enfoldige til å tro at det i Herrens nattverd bare spises brød og drikkes vin. Men Kristi ord, hvor han sier at brødet er hans legeme og at begeret med vin er hans blod, forvrenger de ondt og ugudelig etter sine hjerters forfengelighet. Derfor tviler jeg ikke på at de også vil bli straffet for denne ugudelighet og til sist lære gjennom sin egen store skade at Kristus hersker. Derfor er det viktig å legge vekt på ordet *hedningene*, for det må ikke bare forstås som legemer eller det materielle, men det omfatter også rettferdighet, visdom, kraft, vilje, fornuft og alle andre gaver. Faderen underordner alle disse ting under Kristus og gjør dem straffbare, slik at han ganske enkelt kan kaste ned og fordømme hedningene med alt de har, hvis de ikke er i Kristus og i nåden gjennom Kristus. Det finnes riktignok lover i verden, en iver etter dyd, disiplin, rettferdighet og lignende; men sammenlignet med Kristus er de ingenting og fortjener evig fortapelse. *For nåden og sannheten kom ved Jesus Kristus,* Joh. 1.17, som Faderen har innsatt som Herre over alt, også over synden, døden og djevelen.

Dessuten sa jeg ovenfor at dette hørte med til erklæringen om at han er Guds Sønn eller er Gud av natur. For ingen skapning er i stand til å gi liv, tilintetgjøre døden og helbrede synd. Fordi Kristus gjør dette, og gjør det ifølge Faderens vilje, befaling og gave, så følger det at Han er Gud, iht. til skriftstedet Jes. 42.8: *Jeg gir ikke noen annen min ære.* Hebreerbrevet 1.5 sier derfor med rette: *Til hvem av englene har han noen gang sagt: Du er min sønn, jeg har født deg i dag?* Og på samme måte sier vi også her med rette: Hvilken engel ga Han *hedningene til arv og jordens ender til eie?*

9. Du skal knuse dem med jernstav,
som en pottemakers leirkar skal du slå dem i stykker

Dette og de foregående vers lærer oss at denne Kongen har fått guddommelig myndighet og befaling om å fordømme, ødelegge og utslette alt som finnes av religion, visdom, makt og rettferdighet i hele verden og blant alle folkeslag.

For denne herligheten er forbeholdt denne Kongen alene, at i hans navn blir mennesker rettferdiggjort, og de som er rettferdiggjort, lever. La jødene ha et uendelig antall Moses'er, hvis ikke én er nok for dem; la hedningene ha sine lærere i lov og rettferdighet; la munkene og de egenrettferdige ha visse symboler på sin religion - hvis de ikke har denne Kongen, hvis de ikke er begavet og prydet med hans rettferdighet, så er og forblir de i djevelens, syndens og dødens rike. Og dette er grunnen til at verden, som Den Hellige Ånd har forutsagt i begynnelsen av salmen, motsetter seg denne Kongen med alle sine krefter og ikke ønsker å bære disse *bånd.* Den ønsker ikke å få sin visdom fordømt. Dette opplever vi selv i dag. Verden ønsker ikke å få sin egen rettferdighet bebreidet som om den var synd. Verden ønsker ikke å få latterliggjort sin egen makt som svakhet. Kort sagt, den ønsker ikke å underkaste seg dommen om at alle verdens eiendeler er verdiløse småting. For hvis den elendige formue av metall, nemlig gull og sølv, gjør mennesker oppblåste og stolte, hvor mye mer kan ikke religion, rettferdighet og kunnskapen om loven som er gitt av Gud, blåse opp våre svake hjerter!

Når verden da hører at dens største gaver blir forkastet av evangeliet, og at bare denne Kongen blir lovprist, blir den ikke bare fornærmet, men den forbereder til og med våpen[3] og strever av all sin makt for å forsvare sine egne gaver mot denne fornærmelsen. Dette er anledningen til de bitreste konflikter. Slik angriper verden og denne Kongen hverandre med fiendtlige hjerter, med dette resultat, som Salme 118.22 profeterer om: *Den stein som bygningsmennene forkastet, er blitt hovedhjørnestein.* Her sammenlignes denne Kongen med en stein som bygningsmennene forkaster, det vil si kaster bort som ubrukelig. På den annen side, likesom de mener denne steinen er forkastelig, slik smykker de sin egen rettferdighet og sine egne gjerninger med tittelen «Gud velbehagelig», som om de er kirken og Guds folk. Denne forkastelsen og konflikten er nødvendig og må skje overalt hvor denne steinen er og det finnes *bygningsmenn*, dvs. slike som roser seg av å være kirken og gjør krav på å være i besittelse av den sanne læren og den rette gudstjenesten.[17] Men hva blir det endelige utfallet av disse konfliktene? Utvilsomt det som står i salmen: «Den forkastede steinen skal bli *hovedhjørnestein*, som skal holde hele bygningen oppe. *Og den som faller på denne steinen, skal knuses. Men den som steinen faller på, skal den smuldre til støv.*» For slik forklarer Kristus denne salmen i Matt. 21.42,44. Meningen med dette skriftstedet er akkurat den samme.

Han sier: «Du skal knuse dem med et septer eller en stav av jern.» Det vil si: «Verden vil hisse seg opp mot deg, dvs. den vil ikke tillate denne dommen over seg selv, den vil bruke makt og våpen.[3] Men med hvilket resultat? De vil til slutt bli ødelagt og gå til grunne. For du har en stav, eller et septer, av jern eller diamant, som de ikke vil være i stand til å bære.» Det er greit om den latinske oversettelsen behager noen mer: [תְּרֹעֵם], reges eos, *du skal herske over dem*, eller som Hieronymus oversetter, pasces eos, *du skal fø dem*; for dette er ikke en feilaktig eller vanskelig talemåte. For vi er vant til å snakke slik også på tysk: «Du skal gi dem en matbit, slik at de får noe å fordøye.» Det betyr: Du skal gi dem den slags mat som de kommer til å dø av.

Verset er derfor truende og skremmer de gudløse som motsetter seg denne Kongen. På den annen side er det en trøst for oss som allierer oss med denne Kongen. Vi vet at han er en svak konge i verdens øyne, at han lider i mange skrøpeligheter, og at han blir motarbeidet av tyranner og makter i verden, av falske brødre[17] og grunnleggere av sekter og vranglære, og av vår egen samvittighet. Likevel er verken vår svakhet eller motstandernes makt så stor at den kan forhindre at alle som motarbeider ham, til slutt vil bryte sammen og gå til grunne. Derfor bør vi holde fast ved denne trøsten når verden raser og går til angrep på denne Kongen med makt og

---

[17] Luthers karakteristikk her passer i vår egen tid på alle falske kristne kirke og trossamfunn, hver med sitt navn og særpreg, inklusiv kristne kirker og trossamfunn som står tilsluttet Det Lutherske Verdensforbund. Hva hjelper det dem at de misbruker Luthers navn og kaller seg «lutherske», når de med Felleserklæringen om rettferdiggjørelseslæren 1999 inngår avtaler med antikristen, som tilsidesetter Luthers lære? De er bare lutherske i navnet, dvs. som Luther selv sier her: De smykker sin egen rettferdighet og sine egne gjerninger med tittelen «Gud velbehagelig», som om de er kirken og Guds folk.

våpen.[3] For selv om verden har stor makt og denne Kongen derimot er helt svak, siden han ikke har noe annet å kjempe med enn evangeliets ord, som vi ser at verden forakter, så vil nettopp dette Ordet, som er så foraktet og neglisjert av verden, til slutt tilintetgjøre alle hans fiender. Det er i sannhet, som profeten sier her, en *jernstav*, mens verden er *en pottemakers leirkar*. Derfor vil leirkaret bli knust med et lett slag av jernet.

Du vil kanskje spørre hvorfor Den Hellige Ånd kaller evangeliet en *jernstav,* når det virkelig er et ord som oppmuntrer og frelser sjeler, akkurat som Kristus heller ikke kom for at verden skulle gå fortapt, men for at han skulle frelse verden? Men her forutsier Den Hellige Ånd noe helt annet, nemlig at Han vil ødelegge verden. Jeg svarer på dette: Det er sant at Kristi embete er å frelse, å befri fra synder og å gi evig liv. Derfor taler Paulus også med rette om evangeliet som *Guds kraft til frelse for hver den som tror,* Rom. 1.16. For de som tar imot Kristus og tror hans ord, vil virkelig oppnå frelse. Derfor kaller Skriften ham også for *hovedhjørnesteinen,* Matt. 21.42, som bærer hele bygningens vekt, og som hele bygningen hviler på, for at den ikke skal falle. Men de som ikke tar imot Kristus og hater hans Ord - fordi de støter bort sin egen frelse - hvordan kan de unnslippe ødeleggelsen? De som ikke ønsker å støtte seg på denne steinen, men dristig går imot ham, vil enten falle på denne steinen, eller så vil denne steinen falle på dem. - Så hvordan kan de unngå å bli skadet?

Derfor sier Kristus også i Joh. 12.47-48: *Jeg er ikke kommet for å dømme verden, men for å frelse verden. Den som forkaster meg og ikke tar imot mine ord, han har den som dømmer ham: Det ordet jeg har talt, det skal dømme ham på den siste dag.* Evangeliets ord er virkelig et septer eller en stav til frelse for alle som tror. Men de som forkaster det, må gå fortapt, fordi de forkaster frelsen. Dette er heller ikke Ordets feil, som er hellig og gir liv, men deres egen feil. For de avviser denne frelse som tilbys, og støtter seg heller til lov og offer, som jødene gjør, til sine løfter og tradisjoner, som munkene gjør, og til sine gudstjenester, som de egenrettferdige gjør ved å velge en gudstjeneste for seg selv. For hvorfor ydmyker de seg ikke? Hvorfor gir de ikke Gud æren? Hvorfor bekjenner de ikke at de er elendige syndere og omfavner Kristus? Da ville evangeliet helt sikkert være en stav til frelse og liv for dem. Legg derfor nøye merke til denne beskrivelsen, at evangeliet kalles en *jernstav,* men de som motsetter seg evangeliet kalles *en pottemakers leirkar*. Det er vel ikke noe stort problem å knuse en leirkrukke, hvis du har en jernhammer i hånden. Da har du vel ikke bruk for dine krefter, eller for tyngden av din arm? Bare jernet faller på karet, så vil det knuses. Denne beskrivelsen tjener altså til å peke på Ordets uovervinnelige kraft, som ikke kan sees med øynene, men som er skjult. For hvis du følger verdens eller fornuftens dom, hva ville da være svakere enn Ordet? Hva er mer ynkelig?

For det ser ikke ut til å være jern, men heller halmstrå eller lette agner som mister grepet ved en svak pust eller vind og ikke kan holde seg selv fast. For slik tenker kongene, paven, biskopene og hele den gudløse gjengen om oss, at vi er få i antall og elendige tiggere som ikke engang blir respektert av vårt eget folk. Derfor forakter de oss og det Ordet som vi forkynner. De frykter absolutt ikke for undergang eller ulykke fra vår hånd. For de er mange og har stor makt, verdighet og rikdom. Derfor ler de som av morsomme dumheter, når vi advarer dem om at en så stor forakt for Ordet garantert vil medføre straff.

Hva var Peter, Paulus og de andre apostlene ift. synagogen, da de forsøkte å forandre dens lære, gudstjeneste og prestedømme? Yppersteprestene lo godt over disse framstøt. Men se hva som fulgte. Var ikke den svake stemmen til Peter, Paulus og de andre i sannhet en stemme av jern? Var det ikke en hammer som «knuste synagogen som et pottemakerkar og gjorde den til støv i en slik grad at det ikke engang ble et potteskår igjen som kunne bære en liten ild fra ildstedet», som Jesaja 30.14 sier, som en etterligning av denne talemåten? For ikke bare er dette ulykkelige folket blitt spredt over hele verden som potteskår, men det er ikke engang en bit igjen som kan brukes til noe som helst. De er rett og slett forkastet og er til ingen nytte verken for staten eller kirken. Det samme vil skje med dem som i dag motarbeider Ordet - med paven og hans yndlinger, med tyrkerne[6], med våre sekter og fanatikere, som forstyrrer menighetene med falsk lære om nattverd, dåp og lignende. Den Hellige Ånd skildrer her alle disse som ødelagte leirkar som man ikke engang kan bære litt ild i. Men denne kraften i Ordet viser seg ennå ikke, snarere tvert imot. Det ser ut som om vår lære vil kollapse fullstendig overfor en så stor skare av motstandere. Det ser ut til at det er ugudelige lærere, avgudsdyrkelse og tyranni som råder.

Dette verset tjener altså til å trøste oss slik at vi ikke mister motet og blir fortvilt. Men vi skal tro at på samme måte som Ordets fiender i Guds øyne allerede er blitt dømt og kastet i helvete, slik vil også denne dommen bli åpenbart til sin tid. For Guds ord, som i likhet med en mektig strøm ikke kan stanses med makt, vil oppnå det som det av naturen er vant til å gjøre, nemlig å frelse de troende, men fordømme og knuse de gudløse. Det skyldes at opphavsmannen til dette Ordet er visdom, kraft, guddommelig rettferdighet, og av den grunn står over alt det vi har og er.

Hva er da paven med sin rettferdighet? Hva er anabaptistene[18] med sine falske analogier og falske argumenter? Ingenting annet enn meningsløse og tomme bobler, som blåses opp og ser ut til å være noe, men som plutselig forsvinner.

Men vi vil forstørre trøsten fra Ordets uovervinnelige kraft, spesielt i disse siste tider. For det er umulig for våre hjerter å ikke bli opprørt over store skandaler og svakheter i kristenheten. Det er sannelig ingen lek eller spøk at hele verden er imot oss. Hvis du sammenligner tyrkerne og papistene, er de svært forskjellige og ønsker også å være det. Men de er enige om én ting, nemlig at de kjemper mot Kristus og ønsker at denne læren blir slått ned. Vi møter også stor fare fra falske brødre og forfattere av ugudelige læresetninger. Til og med våre egne hjerter motarbeider oss og forsøker å så tvil om den trøsten vi har gjennom Kristus.

Derfor er det nødvendig for oss å forstørre Ordet og dets kraft og å tro at all visdom, rettferdighet og tyranni utenfor oss og i oss enten må underkaste seg Ordet eller falle og gå til grunne. Hvor stor djevelens makt er utenfor oss, merker vi på tyrannene. Men den er i virkeligheten mye sterkere i våre hjerter. For han har en meget stor del av oss i sin makt, nemlig vårt kjød. Han frister det slik at han plager våre hjerter med fortvilelse, tristhet, dårlig samvittighet over synd og andre lignende virkelig brennende piler, Ef. 6.16. Men ifølge profetien i denne salmen skal vi tro at i motsetning til alt dette onde og alle disse vanskelighetene sitter Kristus, vår Konge, som er Guds Sønn, prydet med tittelen *Kongers konge,* Åp. 19.16, og holder en *jernstav* i sin hånd. På motsatt side finnes tyrannene, vranglærerne og alle som motarbeider Ordet, og de er *pottemakerens leirkar.* Så når det kommer til en kamp mellom dem, er det umulig for leirkaret å seire over jernet. Jernet vil knuse det i småbiter og dytte bort potteskårene. Men hos oss som tror, vil sann rettferdighet,

---

[18] Anabaptister oppstod i reformasjonstiden i Sveits, Tyskland og Nederland. De ble også kalt gjendøpere fordi de gikk inn for voksendåp og mente barnedåpen ikke var tilstrekkelig for sanne kristne. De gikk inn for en mer radikal reformasjon, distanserte seg fra kirkelige og verdslige myndigheter, forkastet tradisjoner og søkte en livsform i utkanten av vanlig samfunnsliv. Mange gjendøpere var opptatt av Bibelens tekster om endetiden og ventet Kristi snarlige gjenkomst til jorden. Kristi gjenkomst til tusen års herredømme med de sanne troende ble forkynt av flere av bevegelsene ledere. De kan i dag inndeles i mennonitter, amish og hutteritter.

visdom, frelse og liv bestå, enten verden og djevelen liker det eller ikke. For Guds ord vil bestå inn i evigheten. Kristus, vår yppersteprest og Konge, vil bestå. Også vi som tror på Ham, skal bestå. Men Ordets fiender vil alle sammen falle og gå til grunne. Amen.

Når Den Hellige Ånd bruker bildet av leirkaret, tenker han ikke bare på at det lett kan knuses uten problemer, men også på at leirkar som en gang er knust, er til absolutt ingen nytte. Kar av tre kan brennes og brukes til å tenne opp ild. Hvis du knuser kar av jern, sølv eller gull, er restene fortsatt til en viss nytte. Men skårene av et leirkar kan ikke brukes til noe som helst. Ordets fiender vil på denne måten bli forkastet i all evighet.

10. Og nå, dere konger! Gå viselig fram! La dere advare, dere herskere på jorden!

Frem til dette punktet har profeten, full av Den Hellige Ånd, fremstilt Kristus Kongen og hans rike. Nå føyer han til en formanende tale som du ikke vil finne maken til i all litteratur. For andre forfattere har for vane å gjøre dette: De lovpriser makthaverne og øvrigheten og oppfordrer undersåttene til lydighet, og det med rette. Men profeten gjør det annerledes. Han ber ikke bøndene, tjenerne og guttene om å være lydige, men taler til kongene[1] selv og befaler at de skal la seg instruere og oppdra. Hva har du noen gang hørt som kan måle seg med dette, at de som hersker over andre, blir innkalt til instruksjon og oppdragelse? Er det ikke et stort hovmod å tale så foraktelig til kongene uten unntak - å omtale alle som tåper, som ikke forstår noe og lever som om de var uten lover og oppdragelse? For hvis de allerede er kloke, hvorfor sier han da: *Gå viselig fram* ? Hvis de hersker etter lover, hvorfor sier han da: *La dere advare*, eller: «Ta imot oppdragelse»? Dette er grunnen til at denne Kongen ikke regjerer uten korset og ulike plager fra et uendelig antall fiender, som profeten sa innledningsvis. Fordi han virkelig innkaller alle andre konger uten unntak til oppdragelse, fordi han fordømmer deres lover, rettferdighet, visdom, og kaller kongene selv og dommerne på jorden for idioter som trenger en mester for å lære dem rettferdighet og oppdragelse. Av denne grunn reiser de seg mot ham. De ønsker ikke å bli undervist. De ønsker ikke å bli sett på som idioter.

Du vil spørre: Er da myndigheter onde, eller må lover fordømmes? På ingen måte. Myndighetene og lovene er i sannhet innstiftet av Gud selv. Men tenk på hva slags konge dette er. Han er ikke en jordisk konge, men en lærer som underviser i hvordan man kan oppnå syndenes forlatelse og evig liv. Hvis man innfører lover og myndigheter som om de kunne være nyttige for å oppnå frelse, bedrar man seg selv. Han fordømmer altså ikke kongenes visdom og rettskaffenhet, hvis de bare holder seg på sin plass, dvs. hvis de med sin visdom kontrollerer og styrer de ting som er underlagt fornuften, og med sin hederlige oppførsel inviterer andre til også å adlyde lovene og tjene den alminnelige fred. Dyd og flittighet lønner seg her, for Gud gir suksess. Men å forkaste Ordet, å forkaste Kristus som mellommann og håpe på frelse pga. disse og lignende gaver - det er den synden som denne Kongen fordømmer hos de mektigste, viseste og helligste menn. Derfor befaler han dem å komme til ham for å lære av ham og høre ham.

Derfor blir ikke bare Moses og loven avskaffet her (som frelsesvei), men også alle makthaverne, med alle de gaver de eier, med all deres visdom, makt, lover, disiplin, dyder, og alle deres religiøse skikker og interesser, fordi de absolutt ikke duger for frelsen. Men det er vist at frelsen ligger i dette ene: Hvis du lytter til denne Læreren, hvis du gir deg selv hen til Ham, så du lar Ham styre deg, oppdra deg, utdanne og forme deg. For denne Kongen er *alt i alle*, som det heter. Ingenting behager Gud, ingenting er elsket av Gud unntatt denne Kongen. De som ikke tar imot denne Kongen, som ikke kaster seg ned for hans føtter, som ikke bruker ham som mellommann, dem hater, forkaster og fordømmer Gud i all evighet. For Han bryr seg ikke om deres gjerninger, ikke om deres dyder, ikke om deres ekstraordinære bekymringer, ikke om deres rettferdighet og hellighet, som de tror vil gjøre dem behagelige for Gud. For det er bare denne ene Sønnen som behager Faderen, og som alene har og eier alle ting etter Faderens vilje.

Derfor tjener dette verset også til å styrke oss mot den store forargelsen som menigheten er plaget med. For hvis man ser på hva som egentlig foregår, skjer det motsatte (av v.10). Konger og herskere lar seg nemlig ikke undervise, men prøver å bryte dette båndet av disiplin med all sin makt, som Ånden sa ovenfor (v. 3). I tillegg er det djevelen som sammen med hele helvete, kjemper mot denne Læreren og oppvekker falske profeter. Heller ikke våre egne hjerter er uberørte. Fordi de er opprørt av loven, synden og frykten for døden, søker de annen beskyttelse enn denne Læreren. Når dette skjer, må vi vekke oss selv og trøste oss med dette verset, for han er den eneste Læreren som kan undervise oss på rett måte. Og det vil skje at de som ikke hører på Ham, rett og slett skal gå til grunne med alle sine gaver og sitt forsvarsverk. Slik sier Herren gjennom Jesaja, kap. 52.15: *Konger skal lukke sin munn for ham.* Det vil si at alle jordens konger sammenlignet med Ham vil være som elever for læreren. Læreren taler og underviser, elevene tier og lytter.

Konger bør virkelig opptre på denne måten, hvis de ønsker å oppnå frelse. Alle som er frelst, holder riktignok munn og adlyder evangeliets røst. Men flertallet gjør det motsatte. For vår Konge *er satt til fall og oppreisning og til et tegn som blir motsagt,* Luk. 2.34. Men hva blir belønningen for dem som motsier ham? Uten tvil, akk, de blir fordømt og forkastet av Gud. For dommen er bestemt, for det er ikke bare konger og herskere som skal underkaste seg denne Kongen, men selve helvetes porter og alle englene. For Han alene skal fylle himmel og jord og alt, som Paulus sier i Ef. 1 til vår trøst, slik at vi kan klamre oss til ham med en fast tro og håp om frelse gjennom ham alene. Dette er sann teologi, som underviser hjertet og oppmuntrer oss i de største farer.

Tidspartikkelen: *Og nå* er ikke uten betydning, for den refererer til tiden for apostlenes spredning av evangeliet. Hvis du ser på det ytre utseendet, vil du ikke bare se ekstrem svakhet, men også åpenbar fare i prosjektet. For noen menn, få og foraktet, de mest ydmyke personer, sprer en ny slags lære i verden og lærer frelse gjennom den korsfestede Kristus; og de gjør det på en slik måte at de fordømmer alt annet som gjøres for frelse. Den Hellige Ånd ser denne forargelsen og sier derfor: *Og nå, forstå, dere konger,* det vil si, la dere belære og undervise, *og bli kloke, dere dommere på jorden*[19], det vil si, la dere irettesette, la deres rettferdighet og religiøse skikker bli kritisert, og underkast dere denne Læreren. Han vil lære dere den sanne veien til frelse. Akkurat som Kristus selv sa ovenfor (v. 7) at Han vil forkynne, så advarer Den Hellige Ånd i dette skriftsted (v. 10) om at ingen skal forsømme denne Predikanten. Han gjør virkelig en lærer av Kristus Kongen og viser at hele verden er hans skole. Til og med kongene og herskerne er hans elever. Men hvis de skal lytte til denne læreren, hvordan kan vi da tvile på at de som har en lavere stilling i samfunnet også bør gjøre det? Kort sagt, denne Kongen lærer hele verden at alle må erkjenne at de har tatt feil med all sin egen rettferdighet og sine fortjenester.

---

[19] Luther siterer her Salme 2.10 fra Vulgata: *Et nunc, reges, intelligite ; erudimini, qui judicatis terram,* som han oversatte direkte til tysk, her oversatt direkte til norsk.

Selv om Den Hellige Ånd kaller alle slags mennesker til denne skolen, er det likevel bare noen få som tar imot denne læreren. Følgelig oppstår det uro, raseri, indignasjon og alt det som et sint hjerte kan finne på. Og likevel vil denne Læreren seire til slutt. Men de ulydige elevene vil gå fortapt, som det vil bli forklart litt senere (v. 12) og som det også ble sagt ovenfor (v. 9). Ordene *forstå* og *bli kloke*[19] må derfor oppfattes som svært presserende. For Den Hellige Ånd peker på at selv konger og herskere som har kunnskap om loven og nidkjærhet for dyd, likevel er uforstandige og dumme hvis de ikke lytter til denne læreren og lar seg undervise av ham. For hvis kunnskapen om Kristus mangler, er all visdom idioti, all rettferdighet er synd og urettferdighet, og alt liv er død.

I dette verset samler altså Den Hellige Ånd hele verden og legger alle ting under Kristus. Han taler til kongene[1] som om de var gresshopper, og til verdens vise som om de var skolegutter. For han ser hva som til slutt vil skje hvis de ikke vil lytte til denne læreren, nemlig at de med all sin visdom, rettferdighet og makt vil bli kastet i de evige flammene. For dette er den guddommelige befaling, at alle skal ydmyke seg, at de skal *lukke sin munn*, som Jesaja sier, kap. 52.15, at de skal innse at det er denne Kongen alene som skal gi liv og frelse. De som adlyder denne befalingen, skal bli frelst. De som ikke adlyder den, skal gå fortapt.

11. Tjen Herren med frykt, og juble med beven!

Frem til dette punktet har profeten undervist om at Kristus, Kongen, ble innsatt på Sions berg. Han har også beskrevet hans natur og hans storhet, nemlig at Han er Guds Sønn, født fra evighet, sann Gud, og likevel er et menneske, født i tiden, for at Han skulle kunne motta sin far Davids trone og herske i Sion. Så talte han om det riket som skal utbredes til jordens ender. For alle folkeslag er gitt til denne kongen for at han skal være *kongenes konge og herrenes herre*. Alle menneskers øyne, ører og hjerter skal være rettet mot ham, enten det er jøder eller hedninger, enten det er rettferdige eller syndere, enten det er åndelige eller verdslige myndigheter. Alt avhenger i sannhet av denne ene Kongen alene. Han alene har liv. Han alene rettferdiggjør. Han alene frelser.

Til denne lærdommen, som er den viktigste delen av denne salmen, føyer profeten til en formaning hvor han navngir de samme personene som han nevnte i begynnelsen, nemlig kongene og dommerne som lager opprør når denne Kongen utøver sitt embete. Han advarer dem om å slutte med opprør, om å ydmyke seg, om å tilby seg selv som elever, om å la seg dømme og fordømme som syndere og forkastelige folk og til slutt om å lytte til denne Sønnen. Til denne formaningen hører også dette verset. For han befaler ikke bare at de skal lytte, men etter at de har hørt denne Kongen, krever han også at de skal gjøre slutt på sitt opprør og begynne å tjene ham. Og han legger til grunnen: «Fordi», sier han, «denne Kongen er Herren, eller den sanne Gud.» For her står det navnet som man kaller Tetragrammet[20], som ifølge Skriften bare er gitt til Gud.

Jødene innrømmer på ingen måte at den personen som profeten tidligere kalte konge (v. 6), her kalles Herre eller Jehova (v. 11). Men de bestrider det forgjeves, for han tilføyer umiddelbart: *Kyss Sønnen* (v. 12). Men siden ordet for å kysse er et uttrykk for gudstjeneste, ønsker Faderen at alle skal tilbe og tjene ham. Han viser at når denne Kongen blir tjent, blir den sanne Gud tjent, og at de som ønsker å tjene den sanne Gud, bør gjøre det i Sønnen. Hosea kombinerer tilbedelsen av Gud og av denne Kongen på denne måten i det tredje kapitlet når han sier, Hos. 3.5: *Deretter skal Israels barn vende om og søke Herren sin Gud og David, sin konge.* Fordi Faderen og Sønnen i sannhet er ett, kan ikke Faderen tilbedes uten Sønnen. Faderen befaler at de som virkelig ønsker å tjene ham, skal tjene og høre ham. Men de som fornekter Sønnen, slik jødene og tyrkerne gjør, fornekter også Gud selv og er avskyelige avgudsdyrkere. Vi bør derfor forkaste jødenes drømmer og heller tro fullt og fast på at Sønnens person, som er Davids sønn og sitter som Konge i Davids borg, er Gud og i dette skriftsted (v. 11) blir kalt med det høyverdige navnet *Herren*. Dette er det første som må læres her.

Det andre er at vi også bør legge merke til ordenes egentlige betydning. For du vet hvordan disse ordene som betegner tjenesten for Gud, ble forvrengt i pavens kirke. Dette skjedde dessuten fordi ingen fant det bryet verdt å undersøke teksten nøye,

---

[20] Tetragrammet, fra gresk tetragrammaton, betyr på norsk «de fire bokstaver». Det benyttes særlig i jødedommen, men også enkelte ganger blant kristne som en betegnelse for Guds eget navn: **JHVH**. På norsk gjengis oftest navnet Jahve eller Jehova. I Salme 2 benyttes det i vers 7: *I declare concerning a statute: Jehovah said unto me: My Son Thou art, I today have brought thee forth.* Og vers 11: *Serve ye Jehovah with fear and rejoice with trembling.* Vers 7 og 11 er gjengitt her ifølge Youngs Literal Translation.

eller rettere sagt, fordi Gud slo oss med en slik blindhet på grunn av vår utakknemlighet at vi ikke så hva som lå foran våre øyne. For les de nyere teologers bøker, og du vil se at «å tjene Gud» for dem ikke er noe annet enn å flykte ut i ørkenen, å oppgi sine borgerlige og huslige plikter og gjemme seg i et kloster.

Men hvis dette er den sanne definisjonen, hva er da poenget med de formaninger som apostelbøkene er fulle av, om ektefellenes kjærlighet til hverandre, tjenernes lydighet, herskernes rettferdighet og velvilje og samvittighetsfull omhu i styring av samfunnet? Viser ikke nettopp disse formaninger at evangeliet anbefaler alle disse forordninger i livet? Var det da ikke dårskap å lære at det å tjene Gud betydde å flykte fra disse livsstillingene, å skifte ikke bare klesdrakt, men til og med selve naturen og kjønnet? For hva annet gjør en munk enn å ønske å være noe annet enn en ekte mann i strid med Guds ordre? Er ikke dette fullstendig tull?

Jeg husker to ledende jurister i Erfurt. Da tiden var inne for dem til å dø, sa de til hverandre og sukket dypt: «Å, hvis vi ikke hadde vært rettslærde, men munker, hvor mye mer velsignet ville vi ikke ha dødd nå!» Men det som hadde skjedd, kunne ikke gjøres godt igjen. Og slik så det ut til at det bare var én utvei som kunne hjelpe dem: De forlangte at deres kropper, i tillegg til sjelemessene som de hadde kjøpt for en høy pris, skulle svøpes i en munkekappe, og så skulle de begraves i klosterdrakten. Viste ikke disse mennene tydelig nok at de ikke var klar over at de hadde tjent Gud i sitt eget embete?

Derfor må den sanne definisjonen fastsettes, slik at du kan bli overbevist om at det å tjene Gud ikke betyr at du skal skifte klær, skifte kjønn, oppgi samfunnsmessige og huslige plikter og gjemme deg bort i et kloster. Alle disse tingene er ytre og kan være falske. Dessuten er det også avskyelig at de påtar seg dem uten Ordets autoritet, ut fra sin egen hengivenhet, som de uttrykker det. Så vokt dere for å smykke slike ting med den høyverdige tittelen *tilbedelse* eller *gudstjeneste*. Men hvorfor skal jeg diskutere menneskelige tradisjoner? Ikke engang jødene våget å smykke sine ofringer og andre lovlige ritualer med denne tittelen og kalle dem en tjeneste overfor Gud, selv om det er vel kjent at de var guddommelige befalinger. For hvis salmen sa: «Dere må dra til Jerusalem, bringe ofre, rense deres klær, faste, tilbe ved kjerubene», da ville vi virkelig være tvunget til å beskrive dette som en skikkelig gudstjeneste. Men salmen sier ingen av disse tingene. Tvert imot taler den om et nytt rike og en ny lære som er etablert etter Moses.

Derfor bør dere ganske enkelt legge bort alt som har med religiøs praksis og ritualer å gjøre, også de som Gud innstiftet gjennom Moses. For denne nye Kongen er kommet, og en ny gudstjeneste vil også bli etablert i samsvar med dette. En jøde kan beholde omskjærelsen, en munk kan beholde sin hette; men han må ikke tro at dette er en gudstjeneste pålagt av Gud og som denne Kongen ønsker å bli tilbedt med. Men siden både munken og jøden beholder disse som gudstjeneste, blir de fordømt av Den Hellige Ånd i dette skriftsted. Her blir nemlig en annen gudstjenesteform eller måte å tilbe på foreskrevet. Hva slags tjeneste dette er, kan dessuten vises ut fra de hellige ti bud, som lyder som følger: *Herren din Gud skal du tilbe, og ham alene skal du tjene*, Matt. 4.10. Selv pleier jeg å skille mellom disse to begreper på denne måten: «Tilbedelsen» utføres av et menneske som har omvendt seg til Gud, mens «tjenesten» utføres av et menneske som er sendt av Gud. Eller, for å følge Kristi ord i lignelsen (om fåre-innhegningen), Joh. 10.9: *Og han skal gå inn og gå ut og finne føde*, så kan vi si at *tilbe* brukes om den som går inn til Gud, men *tjene* brukes om den som går ut fra Gud. For den som tilber, faller på kne og viser tegn på underkastelse. Dette er en slags passiv tjeneste; ved å vende seg til Herren på denne måten i fast tro på hans barmhjertighet for Kristi skyld, mottar han syndenes forlatelse og blir rettferdiggjort.[21] Og etter at han på denne måten er blitt tatt imot i nåde, går han ut fra Gud, vender seg til menneskene og utfører Guds befalinger som gjelder tjenesten for menneskene. Nå som han er blitt rettferdiggjort ved tro, gjør Paulus rettferdige gjerninger, det vil si at han oppfyller sin plikt ved å undervise; den fromme embetsmann ved å regjere; familieoverhodet ved å arbeide. Og slik tjener

---

[21] Utdypes av Luther i følgende utdrag fra hans prediken på 3. pinsedag i Kirkepostillen: Hyrden, som fårene tilhører, utfører alltid sitt embete og sin gjerning i kristenheten, idet han tar dem til seg og utretter alt med dem ved sin røst, det vil si det ytre ord og prediken. Derfor kaller han seg selv den dør som fårene går inn og ut gjennom. For likesom han selv er hyrden, så er også den prediken ved hvilken han er kommet til oss og blir gjenkjent av oss, samt den tro i våre hjerter ved hvilken hans kraft og gjerning erfares, ikke noe annet enn Kristus selv. Han lever og virker i oss, og vi blir funnet i ham i våre liv og gjerninger. Alt dette skjer ved og gjennom troen på ham, for at vi skal behage Gud for hans skyld alene, uten å stole på noe annet. For likesom han har talt om sitt embete, som han utfører ved Ordet, slik taler han også om sine får, om hvordan de oppfører seg i hans rike, nemlig at de straks hører hans stemme og gjenkjenner den når døren åpnes. For det er den rette, trøstende, herlige stemme som befrir dem fra skrekk og gru, så de kommer inn i frihet og har all nåde og trøst fra Gud gjennom Kristus.

de Gud. De gjør ikke det som behager dem, slik som munkene, men det som Gud befaler. Å tjene Gud er derfor ikke noe annet enn å gjøre det Gud krever, og å anerkjenne dette som den lydighet man skylder ham. Munkene og andre av pavens lærere visste ikke dette, ellers ville de ikke ha befalt folk å gå i kloster og gi avkall på sine borgerlige og huslige plikter. Det ville ha vært nok for dem å holde seg til de ti bud, uansett hvilken livsstilling de hadde, og å utføre de gjerninger som var foreskrevet der, uten å finne på nye som var helt uforenlige med den vanlige livsstilen, slik som munkevesenet og hele pavemakten. På denne måten har jeg pekt på hva det generelt betyr å tjene Gud.

Hele salmen taler om den nye Kongen som er innsatt på Sion, som hedningene og jordens ender er gitt til og som konger er befalt å tjene. Derfor, selv om jødene benekter at Kristus kalles Herre i dette skriftsted, så må vi likevel påpeke hva det vil si å tjene Kristus, Kongen. Men vi bør ikke avvike fra den generelle beskrivelsen. For å tjene Kristus er ikke noe annet enn å lytte til denne Kongen og deretter gjøre alt i hans navn som vår livsstilling eller vårt embete krever. Meningen er altså: «Dere konger og herskere og alle som er opphøyet i kirken eller i samfunnets styre; la alt i hele verden fare, lover og rettigheter, ja, til og med Moses; og lytt til denne Kongen. Presenter dere for Ham som elever, *hør Ham.* Dette er den første delen av tjenesten. Gjør deretter det dere har hørt, og gjør det i denne Kongens navn, slik Paulus sier i Kolosserbrevet 3.17: *Alt dere gjør, i ord eller gjerning, gjør det alt i Herren Jesu navn, med takk til Gud Fader ved ham!»*

Å tjene Kristus er altså ikke å ta på seg en hette eller å være opptatt av mosaiske seremonier. Det er noe helt og holdent åndelig; dog ikke på den måten som munkene kaller noe åndelig, som bare skjer i hjertet. Men det er en åndelig gudstjeneste som kommer fra Ånden. For den som taler Åndens ord, sies med rette å forkynne, undervise og tale åndelig. På samme måte sies det også at den som er opptatt med hellige gjerninger, lever åndelig, dvs. gjør det som er foreskrevet i de ti bud. På samme måte lever husets overhode åndelig, når han styrer sitt eget hjem gjennom troen på Guds Sønn. Åndelig lydighet er i sannhet å gjøre det du er pålagt å gjøre på Guds befaling, gjennom troen på Guds Sønn. Der har du hva det vil si å tjene denne Kongen. Det er ikke å gå i kloster, slik munkene pleier å gjøre, og heller ikke å velge disse eller hine gjerninger, men å se denne Kongen, lytte til ham og deretter gjøre det du har hørt.

Men hvorfor tilføyer han: *Tjen Herren med frykt* ? Han ser ut av øyekroken på kongene. Fordi de har fått makt og rikdom, motarbeider de denne Kongen med makt. For det å forfølge Kristus er ikke så vanlig for den alminnelige folkemengde, for de lar seg lett beherske. Men kongene på jorden[1], som er overmodige på grunn av sin makt og rikdom, de forfølger ham ofte. Den Hellige Ånd har dem spesielt i tankene og formaner dem til å vende hovmodet til ydmykhet og frykte denne Kongen, slik at ingen lenger legger vekt på om de er konger selv. Å være konge og å tjene er selvsagt motsetninger. Likevel ønsker Ånden at kongene selv skal tjene, det vil si at de skal erkjenne at de er tjenere for denne Kongen, og det i større grad enn deres egne undersåtter er det. Derfor legger Han en trussel til formaningen. For siden han ser at de er oppblåste og trygge på grunn av sin makt, så formaner han dem til at de ydmyker seg, forlater alt de stoler på og kaster seg ydmykt ned for føttene til denne Kongen og lytter til ham.

Men forsvarer da denne salmen anabaptistene[18]? For hvis den lærer kongene å tjene, ønsker den da ikke at de skal legge fra seg kronen, septeret og alle andre insignier som gir dem verdighet og løfter dem opp over menneskenes vanlige status? Er det ikke slik at de rett og slett blir redusert i rang, slik at det ikke er noen forskjell mellom en konge og en møller etc.? På ingen måte. For konger skal som konger utføre den nye tjenesten. Herskere skal som herskere utføre den nye tjenesten. De skal ikke oppgi sine kongedømmer, men beholde dem og likevel ære denne Kongen og høre ham. De skal underordne sine lover etter denne Kongens ord, dvs. ikke påby noe som strider mot Kristi ord. Slik opphever eller forandrer ikke Den Hellige Ånd de borgerlige lovene, men underordner dem under denne Kongen, slik at de ikke står i motsetning til Ham. Ikke bare konger og fyrster bør derfor beholde sine embeter, men også de som bærer kirkelige titler. Egentlig burde også paven og biskopene forbli på sin plasser; bare de anerkjenner denne Kongen, ydmykt bøyer seg for ham og tar imot hans ord.

Profeten beskriver denne tjenesten på en ettertrykkelig måte, når han krever at de skal tjene denne Kongen *med frykt.* Dette tjener imidlertid til å gjenkjenne de personene som Den hellige ånd tiltaler, som jeg sa ovenfor. Konger er nemlig oppblåst av makt, herskere eller lærere av visdom, og generelt sett er de alle sammen egenrettferdige, det vil si at de beholder troen på sin egen hellighet og synes for seg selv å være rettferdige. Det er til disse menneskene Ånden sier: *Tjen med frykt.* For de andre, de som er plaget, som mangler menneskelig støtte, som ikke bare kjemper med sult, men også med synder og sin samvittighet, de er allerede blitt satt under gudsfrykt. Derfor gjelder ikke denne prediken dem, men snarere det budskapet om å tro på syndenes forlatelse gjennom Guds Sønn, som ble ofret for oss; og om dette taler salmen straks videre og sier: *Juble med beven!* For Den Hellige Ånd ønsker ikke at vi skal frykte på en slik måte at vi blir overveldet av frykt og fortvilelse. Men på samme måte som Han ønsker overmotet avskaffet og av den grunn befaler at vi skal frykte, slik ønsker Han også fortvilelsen avskaffet og befaler at vi skal vandre på den kongelige veien, dvs. frykte og håpe på samme tid.

Det er som om Han ønsket å si: «På samme måte som denne Kongen ikke ønsker å tolerere kongers hovmod og helgeners rettferdighet, ønsker Han heller ikke å tolerere mismotet til de fattige og dumme som ikke kan gi seg selv råd. Men Han vil at dere skal frykte og dermed unngå hovmod og overmot, og at dere skal glede dere og dermed unngå fortvilelse. De som ikke vil frykte Ham, truer Han med slag, for Han har en jernstav. Men de som frykter ham på en slik måte at de samtidig gleder seg, dvs. som tror at de er rettferdiggjort ved Guds nåde alene og ved Kristi velgjerning, de er i sannhet Guds barn. De frykter ikke Gud som en tyrann, men som barn frykter sine foreldre, dvs. med respekt. For de tempererer gudsfrykten med håp og glede. Og likevel forblir de i ydmyk ærbødighet, for at deres ånd ikke skal vokse seg for stor og gå over til overmot.» Dette er den sanne gudstjenesten som aldri kan læres grundig nok, det må vi erkjenne. Men våre motstandere, fanatikerne, forakter den som altfor velkjent, for de sier den kjennes som en utslitt sko. Derfor beskjeftiger de seg med andre ting der det ser ut til å være en mulighet for å få berømmelse for spesielle åndelige gaver.

Salme 147.11 forener disse to tanker[22] på denne måten: *Herren har behag i dem som frykter ham, dem som håper på hans nåde.* Hvorfor tilføyer han *i dem som frykter ham*? Utvilsomt på grunn av de stolte som stoler på sin egen visdom og rettferdighet. I dem kan Han ikke finne behag. Men bare de behager Ham som frykter Ham, dvs. de som erkjenner at de er syndere og av den grunn ikke holder sine fjær høyt hevet, men ydmykt bøyer hodet. Likevel må man tilføye et «aldri for mye» her. For når du på denne måten føler frykt, skal du ikke la hjertets følelse ta overhånd, dvs. du skal ikke tro at Gud er vred på deg, at Han vil forkaste deg som om Han ønsker at du skal

---

[22] Tanke 1: Frykt for Gud. Tanke 2: Håp, tro på Gud, glede.

gå fortapt. Men du må løfte blikket og se på Kristus, som har stilt seg som mellommann for Gud, som har tatt våre synder på sin rygg og har lidd dødens straff på korset for våre synder. Beskuelsen av Kristus vil dempe frykten, likesom synet av kobberslangen gjorde, slik at frykten ikke blir for stor og fører til fortvilelse.

Men som sagt, dette er noe veldig vanskelig, og de kristne kommer neppe så langt at de forstår denne delen av salmen fullt ut, selv om de strever for å forstå det (v. 11). Vi hører ordene, og vi ser at de er enkle, men hjertet aksepterer ikke denne lærdom, når situasjonen blir alvorlig. Hjertet tar lettere imot menneskelig visdom. Derfor er ikke hele vårt liv nok til å lære denne ene kunsten. For vår natur farer i begge retninger og er overmåte impulsiv, som dikteren også sier: «Menneskets ånd, ubevisst om skjebnen og blind for fremtiden, hvor ukontrollert er ikke dine lyster mens du oppmuntres av lykkens gunst.» Og Basilius uttrykte en lignende oppfatning: «Det er like vanskelig å føre sjelen gjennom vanskelighetene i tunge saker som det er å ikke bli rørt til hovmod i saker som er lette å forstå.» For når hjertet er oppblåst av suksess, er det ingen grenser for hovmodet; dette er verdens rike mennesker et godt eksempel på. Det beste eksempelet på dette i dag er den tyrkiske nasjonen.[6] Den Hellige Ånd sier til dem: «Frykt. Vær ikke stolte, men tjen denne Kongen i frykt.» På den annen side finnes det ikke noe dyr som er mer plaget av frykt enn mennesket, for det finnes ingen grenser for klaging, og vi blir lett fortvilet. Dette er vår natur, helt fordervet til det ekstreme i begge retninger, enten lykken står oss bi eller ikke.

Vi må derfor gjøre alt vi kan for å modifisere og styre våre onde impulser og heller hengi oss til denne Kongen, som ikke bare kan kurere disse fryktelige sykdommene, men også selv er et forbilde, som Han sier, Matt. 11.29: *Lær av meg, for jeg er nedbøyd og ydmyk av hjertet.* Apostelen Paulus klage i Romerbrevet 7.22-23 er velkjent: *Jeg slutter meg med glede til Guds lov,* sier han, *etter mitt indre menneske. Men i lemmene mine ser jeg en annen lov, som strider mot loven i mitt sinn.* Det vil si at hele naturen gjør motstand mot Guds lov. Dette er jo en forferdelig uttalelse, men han tilføyer noe enda mer alvorlig: *Den tar meg til fange under syndens lov, som er i mine lemmer.* Det vil si at enten jeg liker det eller ikke, er jeg tvunget til å tjene synden i strid med Guds lov. Hos de unge mennesker ser vi dette gjennom lidenskapens følelser, som fører dem bort til synden, frivillig eller ufrivillig. For det er ikke nok styrke i verken fornuft eller vilje til at de kan undertrykke denne rasende driften. På samme måte fortærer grådigheten også de gamle.

Ja, på samme måte som disse lastene angriper og plager i en viss alder, slik angriper og plager enten sorgen i dårlige dager eller selvgodheten i gode dager, ja, den kan til og med fortære alle kristne. Av naturen er vi alle slike mennesker at synden tar oss til fange, slik at vi ikke kan glede oss, når vi frykter, og heller ikke frykte, når vi gleder oss. Denne kombinasjonen som Den Hellige Ånd presenterer her (i v. 11), er meget vanskelig, og det er helt umulig å oppnå balanse i vekten (for å bruke et filosofisk uttrykk i teologiske spørsmål). Det å frykte og å glede seg er to helt motstridende stemninger, men likevel er det nødvendig at vi både frykter og gleder oss, hvis vi ønsker å være kristne.

Moderne teologer har diskutert mye om servil og barnslig frykt. Det er vel lett å se forskjellen mellom en far som tukter sitt barn og en fangevokter. For når en far tukter sin sønn, gir ikke sønnen opp alt håp, for han vet at det er en ende på tukten. Det vil si at han føler at vreden vil forsvinne med riset. Så selv om han lider smerte og frykter farens vrede, beholder han likevel håpet om nåde. En tyv har ikke et slikt sinn når fangevokteren griper ham og han blir straffet. For han vet at fangevokteren ikke vil være fornøyd før han har kvalt tyven med en galge. Derfor fortviler han, fordi han ikke ser noen ende på straffen. Disse illustrasjoner fra dagliglivet viser hva frykt er. Men når vi blir tuktet, er det ikke enkelt å overbevise oss om at Gud er vår Far, og derfor frykter vi ham. Vi har ingen barnefrykt, men en servil frykt, for vi er overbevist om at Gud er vred på oss i all evighet, og klarer ikke å se at Han har en plan med sin undervisning av oss. Når du føler syndens straff, ville det være mer klokt å si til deg selv: «Du er Guds barn, men Gud tukter deg, slik en far tukter sin sønn som han elsker (Heb. 12.5-8). *For et øyeblikk varer hans vrede,* Salme 30.6. *Han gjemmer ikke på vrede for evig,* Salme 103.9» - slik ville du gjøre det Den Hellige Ånd krever i dette skriftsted (v. 11).

David forstod denne kunsten, noe hans predikener vitner om. Erfaringen viser også at han ikke ga opp håpet da han ble straffet, for han fortsatte å påkalle Gud. Men selv om hans glede var ytterst svak, overvant han likevel frykten, fordi han så enden på straffen. Han ble heller ikke helt overveldet, slik det skjer med de gudløse. Hvis du ser på kjødet, er det nesten overbelastet med frykt også i David, slik at han ikke føler noen glede. Og likevel, som Paulus sier, Rom. 7.25, *tjener han Guds lov med sitt sinn.* Selv når han lider under eksilets straff, påkaller han Gud. Han utelukker ikke plass for barmhjertighet, som i tilfellet med en fangevokter. Selv mens han mottar slagene, tenker han ved seg selv: «Han er min Far, han vil ikke være vred i all evighet.»

Det er derfor lett å skjønne at den sanne gudsfrykten er en barnefrykt, det vil si en frykt blandet med glede eller håp. Men hvis du følger din egen følelse, vil du oppdage at gleden nesten blir overveldet og utslettet av frykten. Men du må ikke av den grunn la ditt hjerte bli motløst eller fortvile, men stole på Herren og holde fast ved hans ord, som sier at *Guds vrede bare er et øyeblikk og hans nåde varer livet ut,* Salme 30.6. Det vil si at Gud ønsker at vi skal leve. Han ønsker ikke at vi skal gå til grunne. Nettopp derfor sender Han oss prøvelser. Det hender likevel at du i det minste føler en liten dråpe glede. Den vil vokse litt etter litt til den til slutt overvinner frykten. Dette er ikke en lett øvelse, men den er av samme slag som Guds hellige lærte seg i praksis, slik deres eksempler viser. Vi må også følge i deres fotspor og lære oss denne kunsten. Dessuten vil Den Hellige Ånd komme oss til hjelp, særlig når vi ber.

Mange unge mennesker frykter Herren, og de overgir seg ikke til lidenskapene som slaver av djevelen. Hvis du undersøker hjertene deres, vil du skjønne at de er så fristet av lidenskapens glød, at de ikke engang føler så mye som en dråpe kyskhet. Likevel ønsker de av hele sitt hjerte at kyskhet skal bli gitt dem. Trengs det mange ord her? De dømmer og føler jo selv at deres hjerter er som horehus, der det ikke finnes noen renhet. Likevel ligger kyskheten skjult dypt i deres hjerter, selv om den undertrykkes av lidenskapens følelse inntil den tid kommer da de gifter seg. For selv om de ikke kan bli fri fra kjødets lyster, lengter likevel deres hjerter etter den renhet som de kjenner at de mangler. De ønsker at den var til stede, og de bærer motvillig lystens flammer. Renheten utslukkes nesten av begjæret som de føler, som om renheten lå i et hjørne. På akkurat samme måte tar frykten alt i besittelse, så gleden ikke føles, men frykten seirer heller ikke. Slik får andre lidenskaper overtaket over følelseslivet, men til slutt vinner dyden og håpet likevel pga. kraften. For dydens kraft er større enn fryktens, begjærets og de andre lidenskapenes kraft.[23]

Disse tingene må læres og bæres på denne måten. For det kan ikke være annerledes enn at *Guds kraft fullendes i skrøpelighet,* 2. Kor. 12.9. Paulus ville også gjerne ha hatt en ren frykt, en ren glede, en ren kyskhet, det vil si en ren følelse av de gaver han hadde og som han trengte. Men hvis disse ting kunne oppnås i dette livet, ville det ikke lenger være et sørgelig liv, men et herlig paradis. Hvis en ung eller gammel

---

[23] Viser til 2. Pet. 1.3-11.

mann ikke lenger hadde noen følelse av synd, hvis han ikke var plaget av håpløshet, ville han rett og slett være i himmelriket. Men dette livet skal ikke være slik, ja, det kan ikke være slik. Ren glede skal man ikke føle, men den må blandes med frykt. For så lenge dette kjødet lever, gjør det hva som er kjødelig. Vi kommer aldri til å forbedre dette fullt ut, så derfor må vi ikke fortvile. For Ånden er skjult, og Gud ser Ham. Fordi vi holder fast ved Kristus i troen, tilgir Han villig kjødets synder. Dette er en del av gudstjenesten, at vi tjener Kristus Kongen i frykt og gleder oss i Ham, dvs. *jubler med beven.*

Dessuten er det en viktig grunn til at Han forener glede med beven. For hvis man føler ren jubel, følger selvgodhet; selvgodhet fører til overmot, men overmot fører til fordømmelse. For Gud kan ikke tolerere overmot. Derfor skal vi blande dem sammen på en slik måte, at vi gleder oss over Gud, men er forferdet over oss selv. Og det med rette, for vi er ikke bare tåpelige, men også elendige syndere. Det er derfor grunn nok til å beve og frykte.

Men du må ikke stoppe her. For hvis du ikke ser noe annet enn at du er en synder, vil fortvilelsen følge. Da må du løfte blikket og se på Kristus. Da vil frykten avløses av glede. Derfor skal vi i sannhet tale slik: «Jeg er visselig en synder, men jeg skal ikke fortvile av den grunn. For Kristus er rettferdig. Ja, Kristus tok mine synder på seg og han led, døde og stod opp igjen for at jeg skulle bli ikledd hans rettferdighet. Om jeg derfor er uten råd, så har Gud utpekt ham til å være min visdom. Jeg er fattig og hjelpeløs, Han er mektig og rik.»

Dette er endelig den rene tilbedelse som Kristus vil at vi skal tilbe Ham med, atskilt fra all overtro. For den Hellige Ånd bryr seg i sannhet ikke mer om dette enn om de andre ting som er fastsatt av menneskelige råd. Han overlater kroner og septre til kongene. Om en munk ønsker å faste, om han ønsker å bruke andre klær og leve på en annen måte enn andre, bryr Han seg ikke om det heller. Han ønsker at disse tingene skal være underlagt menneskelig fornuft og utføres slik det er mest praktisk for hver enkelt. Bare denne ene regelen er blitt anvendt, at vi ikke skal fornærme noen. Men dette ene krever han av alle, enten de er konger eller munker, hellige eller mektige: At de ydmyker seg for denne Kongen, at de hører ham, at de roser seg av ham alene, at de gleder seg over ham alene, men at de er ydmyke i seg selv og i alt som tilhører dem. Når denne gudstjenesten utføres først og fremst, så er det velbehagelig for Gud hva de gjør etterpå i sitt kall, hvis de gjør det i Jesu navn.

Derfor bør vi også lære oss å utføre denne tilbedelsen av Gud, og vi bør skille den fra alle ytre ting. For Gud bryr seg ikke om du er konge eller tjener, gift eller i sølibat, mann eller kvinne, lærer eller elev. Dette er *menneskelige ordninger*, som Peter kaller dem, 1. Pet. 2.13. Vi skal bestyre og herske over disse ordninger, slik Gud hadde tenkt. Han bryr seg ikke om du faster eller spiser, bare du gjør det for ditt eget beste. «Alt dette», sier han, «har ingenting med meg og min tilbedelse å gjøre. For å tilbe meg betyr for dere å ære meg, å ta imot alt fra meg, å anerkjenne meg, å tale om meg, å lovprise meg, fordi alt i hele verden er mitt, å bekjenne at når dere er uten meg, er dere syndere, tåpelige og svake. Det betyr å erkjenne at jeg ikke er en tyrann, men at jeg ydmyker dere, ikke som om jeg ønsket at dere skulle gå fortapt, men for at jeg kan kalle dere tilbake fra hovmodet og lære dere å være ydmyke. Siden jeg gjorde dette gjennom et kors, ønsker jeg at dere skal bli løftet opp, slik at dere kan løfte hodet og vende blikket mot min Kristus. For om dere mangler visdom, rettferdighet eller styrke, så har dere der kilden til all visdom og rettferdighet. Slik vil dere *tjene Meg med frykt og juble med beven*.» Ifølge våre følelser er vår beven veldig stor, men jubelen er liten. Likevel vil gleden til slutt triumfere med stor kraft.

Som ung mann hatet jeg dette verset (v. 11), for jeg likte ikke å høre at jeg skulle frykte Gud. Men det kom av at jeg ikke visste at frykten måtte blandes med glede eller håp. Det vil si at jeg ikke kjente forskjellen mellom våre gjerninger og Kristi gjerninger. Våre gjerninger er fordervet, akkurat som hele naturen er fordervet. Derfor skal vi ikke være selvsikre, men frykte Guds dom. Kristi gjerninger er derimot hellige og fullkomne. Derfor bør vi holde fast ved håpet om nåde. Det var helt sikkert ikke for sin egen skyld at han ble født, satt under loven og til slutt korsfestet. Han ville skjenke disse gjerninger som gaver til oss.

Vi bør derfor frykte på en slik måte at gleden ikke blir helt utslukt. Det må dessuten være ekte glede. For den skal ikke være så innestengt i hjertet at den ikke viser seg i det ytre. Et stille hjerte som virkelig tror at Gud har forsonet seg med oss på grunn av Kristus, vil frembringe et muntert ansikt og glade øyne, og det vil løsne tungen for lovprisning av Gud. «På denne måten», sier Den Hellige Ånd, «vil du tjene denne Kongen, slik at det blir lykke både innvendig og utvendig. Men det må likevel være forbundet med ærbødighet, så dere ikke blir som svin, blir for selvsikre og hengir dere til kjødelige gleder. For hvis du fjerner den falske tryggheten, så blir ikke Gud fornærmet av godt humør. Ja, Han tar anstøt av sorg og befaler godt humør.» Loven forbød dem som sørget å ofre, og Malaki sier at offergavene blir besmittet med *tårer, gråt og sukk*, Mal. 2.13. Vi bør altså være glade, men på en slik måte at vi ikke blir selvsikre, men glede må blandes med frykt, og frykt må blandes med håp.

Dette er en formaning rettet mot de hovmodige, og til fordel for de helt ubetydelige som er altfor ydmyke. For det er like mye blasfemi å fortvile som å være overmodig. For Gud vil ikke at vi skal være verken oppe i skyene eller nede på bakken, men midt i mellom. Våre føtter strekker seg nedover, men vårt hode strekker seg oppover. Og selv om vi lever på jorden, er vi likevel befalt at vår «vandring skal være i himmelen», Fil. 3.20. Kort sagt, vi som er kristne, er verken helt fryktsomme eller helt lykkelige. Glede er forbundet med frykt, håp med forferdelse og latter med tårer, slik at vi kan tenke på at vi ikke vil bli fullt ut glade før vi har lagt av oss dette kjødet; akkurat som det ikke kan legge av seg frykten, så er det nyttig for det å være i frykt, for at kjødet ikke skal bli selvtilfreds.

På denne måten har denne salmen beskrevet hvordan vi skal tjene Gud. For det å frykte Gud og å stole på Gud er den eneste sanne religion. Der hvor disse to er i riktig balanse, der er hele livet rettferdig og hellig. Ytre seremonier og alt det som finnes av ytre gjerninger, kan alt sammen forvaltes med hell etterpå, når disse to er i rett forhold til hverandre. Nå legger han til en trussel og en trøst for å avslutte profetien på ordentlig måte.

12. Kyss Sønnen, for at han ikke skal bli vred og dere gå til grunne på veien!
For snart kunne hans vrede bli opptent. Salige er alle som tar sin tilflukt til ham

En ganske streng trussel er her lagt til formaningen. Den har dessuten den virkning at den knuser stoltheten til konger[1], vise menn, helgener og alle dem som stoler på skapninger i stedet for på Gud. Men vår natur er så fordervet, og vi er så tilbøyelige til overmot og trygghet i gode tider, at det ville være umulig for oss å stå imot hvis ikke Den Hellige Ånd forandret våre hjerter. Verken lover eller noen form for straff kan gjøre noe med denne skavanken. Bare den røst som lyder fra himmelen, knuser dette hovmodet og demper glede med frykt.[24]

---

[24] På dette sted innfører Luther en drøftelse av språk og grammatikk, som er noe komplisert og unødvendig for å forstå hans forklaring av Salme 2, derfor er den utelatt her.

«Men», vil du spørre, «hva er betydningen av ordet *kyss*?» Det betyr en seremoni. Men det finnes mange slags kyss. *Å, ville han bare kysse meg med kyss av sin munn!* sier den forlovede i Høysangen 1.2. Det er et kjærlighetskyss og et tegn på den største kjærlighet. Derfor sier også Paulus: *Hils hverandre med et hellig kyss!* En annen form for kyss er håndkyss, som etter vår skikk betyr å hylle. Vi bruker det med dem som vi anerkjenner som våre herrer. Et annet er å kysse foten, noe som betyr ekstrem ydmykhet.[24]

Den Hellige Ånd lovpriser altså Guds Sønn overfor oss med vakre, velvalgte ord: «Kyss, underkast dere, bøy dere, ydmyk dere, erkjenn dere som undersåtter.» Overfor hvem? Foran den aller reneste, mest utvalgte, som Faderen alene har behag i, og som Faderen vitnet fra himmelen, Matt. 17.5: *Dette er min Sønn, den elskede!* Og Kristus selv sier i Joh. 3.35: *Faderen elsker Sønnen.* Salmen antyder og forutsier nettopp disse uttrykkene når den taler om Sønnen med det hebraiske ordet [רַב], som om den ville si «Han er min elskede, min rene, min utvalgte, i ham alene fryder jeg meg, mitt hjerte, min fryd. Tilbe derfor Ham som er Guds eneste elskede og som er Ham velbehagelig, og du vil tilbe Gud. Du vil gjøre Gud en velbehagelig tjeneste. Bøy knærne for Ham, kyss hans føtter.»

Disse uttrykk viser dessuten at Kristus ikke bare er et menneske, siden Han tilskriver sin ære til sin egen Sønn og befaler at Sønnen skal tilbedes. *Herren din Gud skal du frykte, og ham skal du tjene,* sier Moses, 5. Mos. 6.13. Og gjennom Jesaja sier Herren: *Jeg gir ikke noen annen min ære,* Jes. 42.8. Siden Gud altså ikke kan være en løgner og likevel her befaler at denne Kongen skal tilbedes, følger det at denne Kongen som er innsatt på Sion, er Gud av natur. Jeg påpekte ovenfor at jødene hevder at det foregående verset (v. 11) ikke skal forstås som en henvisning til denne Kongen, men til Gud selv; likevel, med mindre de er helt urimelige, må de innrømme at Gud ved sin befaling (v. 12) viser oss tilbake til Sønnen og vil at vi skal kysse og tilbe Sønnen. Derfor stemmer tankegangen her overens med disse skriftsteder i evangeliet: *Dette er min Sønn, den elskede! I ham har jeg velbehag: Hør ham!* Matt. 17.5; *Om noen holder fast på mitt ord, skal han aldri i evighet se døden,* Joh. 8.51; *Tro på Gud, og tro på meg!* Joh. 14.1; *Min lære er ikke min, men hans som har sendt meg,* Joh. 7.16; *Faderen, som har sendt meg, han har gitt meg befaling om hva jeg skal si og hva jeg skal tale,* Joh. 12.49; *Min Far arbeider inntil nå, også jeg arbeider,* Joh. 5.17; *Sønnen kan ikke gjøre noe av seg selv, men bare det han ser Faderen gjøre. For det han gjør, det gjør Sønnen likeså,* Joh. 5.19; *Likesom Faderen reiser opp de døde og gjør levende, slik gjør også Sønnen levende dem han vil,* Joh. 5.21; *Faderen har overgitt hele dommen til Sønnen,* Joh. 5.22.

I disse skriftsteder henviser de til hverandre, Faderen til Sønnen og Sønnen til Faderen, slik at ingen kan tvile på at denne Kongen er den sanne, rette og naturlige Gud. Og hvis du ikke tilber og omfavner denne Kongen, kan du ikke tilbe Gud, for Faderen og Sønnen *er ett,* Joh. 10.30. Det er derfor forgjeves for tyrkeren, forgjeves for paven, forgjeves for munken, å spekulere om Gud utenom Kristus. For tyrkeren sier at han tilber den Gud som skapte himmel og jord. Jøden sier det samme. Men fordi begge fornekter at denne Kongen er Guds Sønn, så vandrer de ikke bare bort fra Gud, men tilber også en avgud fra sitt eget hjerte. For de oppfinner en gud slik som de ønsker å ha, ikke slik som Gud har åpenbart seg. Men Gud avskyr dem og lukker sine ører for deres bønner. For Han ønsker ikke å høre og se noen uten gjennom sin Sønn.

Slik taler Kristus til Filip: *Den som har sett meg, har sett Faderen,* Joh. 14.8 ff. For når Filip spør: *Herre, vis oss Faderen,* svarer Kristus forundret: *Så lang en tid har jeg vært hos dere, og du kjenner meg ikke, Filip?* Det er som om han ville si: «Hvor fører dine tanker og spekulasjoner deg hen? Hvis du ikke fester blikket og hjertet ditt på meg, vil du aldri finne Gud og Faderen noe sted. *For jeg er i Faderen, og Faderen i meg, og de ordene jeg taler til dere, taler jeg ikke av meg selv, men Faderen, som blir i meg, han gjør sine gjerninger.»* På denne måten ser man at Faderen, likesom trett av å utøve makt, har overgitt hele herredømmet over alle skapninger i Sønnens hånd og skjød. Dette skjedde riktignok i evigheten, men senere ble det kunngjort gjennom åpenbaring og forkynnelse. Så Sønnen har alltid hatt denne æren helt fra evigheten, men hans ære ble først kunngjort, da hans navn ble spredt over hele verden gjennom evangeliet.

For det andre tjener dette verset også til å oppheve loven og dens gudstjeneste-seremonier. For salmen taler ikke om tilbedelse i templet i Jerusalem, men nevner en annen form for tilbedelse. Den sier: «Hvis du ønsker å tilbe Gud, hvis du ønsker å frembære et velbehagelig offer for ham og på den måten tjene Gud og gjøre noe som er til behag for ham, skal du ikke gjøre noe annet enn å kysse denne Sønnen. På denne ene måten vil du tjene Gud, og Gud vil bli forsonet med deg.» Men det er umulig å overbevise verden om dette. Følgelig reiser Arius seg og sprer sitt blasfemiske dogme mot Guds Sønn. Tyrkeren[6] anser det som en svært stor forbrytelse at vi tror at Kristus er Guds Sønn og tilber ham. Selv om paven unngår disse åpenbare gudsbespottelser, anerkjenner han i realiteten ikke Kristus som Guds Sønn, fordi han ikke nøyer seg med hans offer, men lærer at vi gjennom våre gjerninger kan oppnå det som Guds Sønn allerede har oppnådd ved sitt blod og sin død.

Vi bør derfor huske dette vitnesbyrd, at denne Kongen er Guds Sønn, født av Faderen fra evighet av og presentert for oss, for at vi skal kysse ham og tjene ham. Det vil si at vi skal tro at vi er forsonet med Gud gjennom ham, slik at vi, selv om vi med rette frykter Guds vrede på grunn av våre synder, likevel gjennom troen på denne mellommannen kan håpe på frelse. Etter at vi har utført denne tilbedelsen av Sønnen, er Faderen tilfreds og krever ikke mer av oss, når det gjelder forsoningen og håpet om evig liv. Fordi vi gjør alt ut fra troen på Guds Sønn, vil lydigheten som følger etterpå, behage Gud og bringe både fysisk og åndelig belønning, selv om lydigheten fortsatt er ufullkommen.

Dette er summen av all gudstjeneste. Den er veldig enkel når det gjelder ytre handlinger, for den består ikke i å forandre ytre ting. Hvis noen ønsker å bli en kristen, er det ikke nødvendig for ham å endre sin sosiale rang. Det samme gjelder for enhver embetsmann i den verdslige regjering. For *Gud gjør ikke forskjell på folk,* Ef. 6.9. Snarere er det nødvendig at hjertet forandres, slik at du, mens du tidligere nesten fortvilte på grunn av synden, kan motta det sikre håpet om tilgivelse; slik at du, mens du tidligere gledet deg over synden, nå kan hate og flykte fra synden; og slik at du, mens du tidligere var treg og ulydig mot Gud, nå kan bestrebe deg med den største iver og vilje så du ikke fornærmer Gud med ord eller gjerninger osv. På denne måten må sinnet og hjertet forandres, så du ikke dømmer om Gud ut fra ditt eget hjerte, men i samsvar med det Ordet som Guds Sønn presenterer for deg. Etter at du har gjort dette, kan fornuften råde og herske på sitt eget område. Du kan ta deg en kone. Du kan forsørge din familie. Du kan påta deg visse jobber for å tjene til livets opphold. Gud overlater til din dømmekraft å organisere og styre alle disse tingene.

Så enkel er den sanne religionens form og natur. Men verden adlyder ikke. Den vil heller forandre alt annet enn sitt hjerte og sin samvittighet. Den vil heller tilbe alt annet enn denne Kongen. En munk tror at han gjør Gud den største tjeneste når han skifter klær, forlater sin jobb og trekker seg tilbake til et kloster, hvor han spiser, drikker og sover på en ny måte. På den måten tror han at han blir gjenfødt og blir et nytt menneske. Men det er bare det ytre som er forandret, mens sinnet og hjertet forblir det samme. Det er fortsatt den samme vanhellige tanken som den skyldige Kain hadde. Selv mens han planla drapet på sin bror, håpet han fortsatt å forbli i Guds nåde på grunn av sitt eget offer, 1. Mos. 4. Men dette er i sannhet en skammelig og blasfemisk forestilling. For Gud bryr seg ikke om omskjærelse eller ikke omskjærelse, på samme måte som Han ikke bryr seg om du tar på deg hvite eller svarte klær. Dette er ytre ting som enhver kan forvalte slik det passer ham, hvis han bare viser hensyn til sin neste slik at han ikke fornærmer ham. Gud bryr seg heller ikke om du lever under en verdslig regjering eller i ensomhet, bortsett fra at det er en åpenbar synd, hvis du forlater din livsstilling og av egen vilje velger en annen stand i livet.

Han bryr seg imidlertid om dette, ja, Han vil at du forandrer ditt hjerte, dvs. at du innprenter en ny mening og nye tanker om Gud i din samvittighet, så du sier: «Jeg erkjenner og ærer Guds Sønn, Herren Jesus Kristus; og fordi Han er min mellommann, tror jeg at jeg er forsonet med Gud gjennom Ham og at mine synder er tilgitt. Med et slikt hjerte skal jeg gå og dyrke min åker, gjøre mitt arbeid, ta meg en hustru, tjene min herre og så videre.» I dette skriftsted krever salmen en slik form for gudstjeneste og foreskriver en slik form for religion. Men som sagt, verden aksepterer ikke den sunne lære. Den anser det som sann gudstjeneste hvis den forandrer noe i det synlige eller i det ytre liv. Slik tror de tåpelige anabaptister[18] at de er de sanne hellige hvis de ikke bærer våpen, hvis de tar på seg et grått plagg eller hvis de lar hodet henge trist. Men er det ikke lett for enhver bonde å forandre disse ting? Troen på Kristus og tjenesten for Gud med frykt - det rører ikke disse tåpelige menneskene med en finger.

Det er sikkert og visst at ingen mennesker som er opptatt med lover eller ytre rettferdighet, utfører denne sanne gudstjenesten. De kan ikke engang forstå den i sine tanker. For det er en lære som er åpenbart fra himmelen, og som ikke kommer fra menneskets forstand eller hjerte. Den Hellige Ånd må være læreren og veilederen. Siden dette bare kan oppnås gjennom troen på Kristus, mens de gjerningsrettferdige forkaster troen og holder fast ved loven, er det umulig for dem å utføre denne tjenesten. Derfor er den kristne religionen enkel, som jeg sa, hvis du bare ser på de ytre handlingene. Men hvis du ser på den åndelige gudstjenesten, er den svært vanskelig, for du kan ikke utføre den uten at ditt hjerte er forandret.

Sann religion krever altså hjertet og sjelen, ikke gjerninger og andre ytre ting, selv om disse følger med av seg selv, hvis du har det rette hjertet. For der hjertet er, der er alt annet. Den som virkelig elsker deg, vil ikke nekte deg penger, tjenester eller seg selv. Og dette er grunnen til at sann gudstjeneste er uten falskhet eller hykleri, i motsetning til den fariseiske gudstjeneste som bare er utvendig og ikke forandrer hjertet.

Følgelig er den sanne tilbedelse av Gud å kysse denne Sønnen, det vil si å tilbe Ham på en slik måte at du ikke ser noe annet i himmelen og på jorden enn Ham og ikke tror på noe annet enn Ham. Som det første bud krever, 2. Mos. 20.4: *Du skal ikke gjøre deg noe utskåret bilde, noen avbildning av det som er oppe i himmelen, eller av det som er nede på jorden, eller av det som er i vannet nedenfor jorden.* Med dette budet ledet Gud sitt folk bort fra alle omstreifende tanker, tok dem til fange og bandt dem til en åndelig beskuelse (av den usynlige Gud). Likevel henfalt de til avgudsdyrkelse, slik historien viser. For de tenkte at de lovpriste Gud hvis de lovpriste en skapning som han hadde skapt. Derfor dyrket de solen, månen og himmelens hær (stjernene), til tross for at Gud uttrykkelig hadde befalt at de bare måtte tilbe ved nådestolen. På denne måten bør vi også vokte oss mot bilder av himmel og jord og bare holde oss til Sønnen alene. Slik vil vi begripe Faderen og hele guddommen på den rette måten. For Paulus sier også, Kol. 2.9: *I Kristus bor hele guddommens fylde legemlig.* Du vil altså ikke finne Gud i solen, månen eller noen andre skapninger; du vil bare finne Ham i Sønnen, som ble født av Maria. I Ham alene finnes frelsen, nåden og livet. Hva du enn tenker om Gud utenom Ham, er nytteløs spekulasjon og ren avgudsdyrkelse.

Papistene vet ikke dette. Når de underviser om å tilbe Gud, mener de gudstjenester som de selv har valgt; eller når de er på sitt beste, leder de menneskene til Moses og ber dem være lydige til loven eller de ti bud. Det er sant at Gud foreskrev de hellige ti bud for at vi skulle overholde dem. Selv om vi er fullkommen lydige, så langt som mennesker klarer å være lydige, er vi likevel ikke i stand til å finne hvile i dette. Vi blir ikke forenet med Gud gjennom denne lydigheten, men vi flykter til og med fra Gud. Derimot, de som ser Kristus, finner en slik Gud som de ikke frykter, men som de tar imot med ærbødighet og de har full tillit til hans barmhjertighet. Derfor, på samme måte som de hellige (dvs. sanne troende) jødene ikke kjente noen annen Gud enn Ham som hadde befalt dem å tilbe ved nådestolen, på samme måte som de ikke kjente noen annen gudstjeneste enn den som ble feiret i det templet som Gud hadde utpekt for dette formålet, slik holder vi oss til Sønnen alene. I Ham finner vi Faderen. I Ham mottar vi liv og frelse. Visdommen hos oss kristne er at vi forkaster våre hjerters urolige tanker, holder oss til Sønnen alene og ikke kjenner Gud uten Sønnen. For det er Sønnen som er blitt opphøyet og drar alle til seg.[25] De som enten ikke kjenner ham eller har mistet ham, er kastet midt ut i fortapelsens hav og kan ikke nå frelsens havn. De som derimot har Kristus og ser standhaftig på ham, som på kobberslangen, Joh. 3.14, dvs. de som tror at han ble ofret for våre synder etter Faderens vilje, de er befridd fra djevelen. De eier den sanne Gud, livet, rettferdigheten og den evige visdom.

Det er altså en stor kraft i ordet *Kyss*, for det indikerer at vi skal omfavne denne Sønnen av hele vårt hjerte og ikke se eller høre noe annet enn Kristus og ham korsfestet. Men den som leter etter noe annet i religionen eller søker noe høyere, vil bedra seg selv og vandre bort fra frelsens vei. Vi skal bruke vår fornuft og visdom til andre ting, til å styre husholdningen, til å gjøre jobben vår, til å kjøpe og selge. Men når det gjelder å tilbe Gud, bør du stenge fornuften ute, og holde fast bare ved Sønnen alene. Det er ikke i seg selv dårlig å skifte klær, som en munk gjør; heller ikke å faste, tukte kroppen og lignende, men vi protesterer virkelig mot denne praksis utelukkende fordi folk har en gudløs forestilling om at disse gjerninger er nyttige for å oppnå syndenes forlatelse. Så lenge du avviser denne forestillingen og oppriktig kysser Sønnen, dvs. hvis du bare setter din tillit til hans fortjeneste og nåde, vil du leve evig, selv om du beholder munkehetten. Dette er altså hovedstykket i den sanne gudstjenesten, alt det andre er likesom halen. Likevel respekterer verden ikke dette hovedstykket, men stoler i stedet på den hyklerske forandringen av de ytre ting. Derfor tilføyer Den Hellige Ånd:

For at han ikke skal bli vred og dere gå til grunne på veien!

Profeten ser at verden vil forakte denne læren. Jødene, tyrkerne og alle hedningene anser det som høyst absurd at vi tilber en mann som i kjødet opplever alle de vanlige lidelser som plager andre mennesker, ja, som *ble regnet blant overtredere*, Jes. 53.12, og naglet til et kors. Selv om papistene ikke tar anstøt av Kristi svakhet, så har

---

[25] Luk. 10.22, Joh. 12.32.

de likevel en annen lære og livsform enn Kristus og hans gjerninger. De forringer riktignok ikke Kristi offer med et eneste ord. Men når de mener at de fortjener syndenes forlatelse pga. sine egne gjerninger og ofre, oppstiller de ikke dermed en annen Kristus enn den som Faderen har gitt oss til å være *visdom fra Gud, rettferdighet og helliggjørelse og forløsning,* 1. Kor. 1.30? I stedet for det kysset som Den Hellige Ånd befaler for Sønnen, kysser de sine messer, sin faste og sine hetter. Men de kysser Kristus med Judas kyss, for de hater hans lære og forfølger den med all slags grusomhet.

Den Hellige Ånd ser dette og advarer og truer derfor: «Enten tilber du denne, eller så skal du vite at du forblir under Min vrede. For når det er spørsmål om hvordan man kan bli forsonet med Gud, hvordan man kan få syndenes forlatelse, da må dere enten kysse eller gå fortapt! Det finnes ingen mellomvei her.» Slik erklærer Joh. 3.36: *Den som ikke vil tro på Sønnen, skal ikke se livet, men Guds vrede blir over ham.* Og igjen Joh. 3.18: *Den som ikke tror, er allerede dømt.* Det spiller ingen rolle om en mann er konge eller gjeter, karteuser eller soldat, om han lever i sølibat eller i ekteskap, om han er lege eller advokat, hvis han ikke kysser Sønnen. Det betyr: Hvis han ikke setter alt sitt håp om frelse til Sønnen, vil han gå fortapt under Guds vrede. Det vil han gjøre selv om han sulter seg i hjel med faste eller *gir sitt legeme til å brennes*, 1. Kor. 13.3.

På denne måten omfatter Den Hellige Ånd med ett ord hele verden med all dens visdom, rettferdighet, fortjeneste, gudstjeneste, disiplin og straff, og overfører det hele til Sønnens kyss. «Hvis du kysser Sønnen, er det bra. Hvis ikke, vil du gå fortapt på veien. For det skal skje», sier Han, «at Sønnen til slutt blir vred. Nå gir Han deg et kyss, så Han kan motta ditt kyss i retur. Han omfavner i sannhet hele menneske-slekten med en kjærlighet utenom det vanlige. For han kommer ikke i vårt kjød for å dømme eller fordømme, men for å kysse oss og vise oss den kjærlighet som han omgir oss med. Hvis du da ikke vil kysse ham tilbake, vil ingen religion, ingen rettferdighet, ingen visdom redde deg. Du vil ganske enkelt forbli under hans vrede og gå til grunne i hans vrede.» Men verden bryr seg ikke om disse truslene. Den innbiller seg at det vil gå helt annerledes. Den håper på Guds nåde gjennom egne gjerninger og egen rettferdighet. Dommen er bestemt: *Den som ikke tror, skal bli fordømt,* Mark. 16.16.

Septuaginta oversatte det på denne måten: «For at dere ikke skal gå fortapt på den rettferdige vei.» Og slik har tolkerne skjelnet mellom en vei som er god og en annen som er ond. Men dette er i strid med hebraisk. For der står det ganske enkelt: *For at dere ikke skal gå til grunne på veien.* Meningen er altså at Den Hellige Ånd rett og slett forbyr oss å stole på noen av våre egne veier, selv om de ser ut til å være de mest strålende og de aller beste. Pavens rike har mye prakt. Samfunnets lover feires også med rette som en fortreffelig gave fra Gud og de er nødvendige for den offentlige velferd. En karteuser har også en livsvei som tar seg bra ut. Slik har også de andre ordener sine egne spesielle veier. Men alt slikt i hele verden fører bare til vrede og fordømmelse, hvis man ikke kysser Sønnen. Og vreden vil føre til at disse veiene blir avskaffet og forsvinner. For hvis de gamles religion ikke kunne bestå, fordi denne Sønnen ble forkastet og avvist; hvis de «som pakten, lovgivningen, gudstjenesten, presteskapet og templet tilhørte», Rom. 9.4, gikk til grunne sammen med sin vei - hva skal vi da si om de veier som er valgt utenfor Guds Ord, som papistenes veier?

Det legges derfor stor vekt på ordet *veien.* For Han sier ikke: Dere vil gå til grunne «i villfarelsen», men *«på veien».* Det betyr: «De etablerte gudstjenestene og dine selvvalgte gjerninger vil bli årsaken til din undergang.»[26] Det er virkelig synd og skam at en munk som ikke gjør noe annet natt og dag enn å tukte sin kropp, ikke oppnår noe annet ved denne flittigheten enn å bli kastet i helvetes flammer. Slik har jødene, som kjemper med stor nidkjærhet for loven og ofringene, en vei som de tror fører rett til livet. Men de går fortapt på denne veien, slik at de vandrer omkring i villfarelse, både på kropp og sjel. Romerriket hadde også en vei som de trodde man kunne overvinne alle farer med. Men alle disse gikk til grunne på sine egne veier, fordi de ikke kysset Sønnen. I dag ser vi ved Guds nåde at også paven går til grunne foran våre øyne på sine egne veier. For denne Sønnens vrede er en guddommelig vrede, og den har makt, den er ikke tom eller kraftløs. Sønnen vil bli ansett og tilbedt som Gud, ellers truer fortapelsen.

---

[26] Selvvalgt gudstjeneste og gode gjerninger må legges på samme vektskål som kjødelig synd!

Den Hellige Ånd tilføyer at hans vrede snart kan bli tent og det forøker trusselen. Dermed poengterer Han både at denne vreden er allmektig og at den er svært nær. Når han utsetter den, virker den fjern, ikke bare for dem som ikke opplever denne vreden, men også for de kristne som i mellomtiden blir tuktet og pint. Men dommen er bestemt: «Den vil snart bli opptent». Det vil si, den vil helt sikkert komme, og den vil komme, *når de sier: Fred og ingen fare.* Dermed trodde ikke jødene at deres undergang var nær. I vår tid begynte også pavedømmet å vakle da de trodde de var tryggest. Jeg vet heller ikke hvilket håp evangeliets fiender trøster seg med nå. Men det vil skje slik som Skriften sier i Salme 55.23: *Falske menn skal ikke nå det halve av sine dager.* Nå har pavene forsøkt å overta Romerriket i mer enn 600 år, men de har blitt bedratt i sine forhåpninger. Alle har falt i sine forsøk, og de som var best utrustet med visdom og list, har falt mest skammelig.

En annen grunn til denne dommen og de gudløses undergang, i tillegg til at Sønnen så raskt blir vred, er det faktum at de kristne også ber om det i sine bønner. På samme måte som Kristus sier om den ugudelige dommeren og enken, Luk. 18.7-8: *Gud vil også frelse sine utvalgte, de som roper til ham dag og natt. Han skal skynde seg å hjelpe dem;* slik er det også i Åpenbaringen 3.11: *Jeg kommer snart!* For oss som lider i mellomtiden, ser det ut til at vreden utsettes i lang tid og at den kommer meget langsomt. For et håp som lar vente på seg, gjør hjertet vondt. Men for de gudløse kommer den meget raskt. For når de tror at de er tryggest, går de til grunne. Og det ser ut til at de går til grunne på et øyeblikk. Når de hører disse advarslene, blåser de i dem uten å bry seg. Det er som historien som fortelles om en viss landeveisrøver. Da han ranet en reisende, minnet mannen ham på at han ville bli straffet på den ytterste dag. «Vel», sa røveren, «hvis straffen lar vente på seg så lenge, da går det helt fint for meg. Gi du meg din frakk og skjorte, med et slikt håp.»

Slik er alle de gudløse. Men når straffen innhenter dem, da synger de denne tåpelige sangen: «Det ville jeg ikke ha trodd!» Akkurat slik angrep Sodomas folk til og med Lot med fornærmelser da han trofast advarte dem. De sa, 1. Mos. 19.9: «Du er kommet som en fremmed, og nå vil du være vår dommer?» De var virkelig trygge. Men da morgensolen sto opp, ble de fortært av flammer fra himmelen, og jorden slukte dem. Slik viser denne vreden seg å komme hurtig og før de gudløse tror det er mulig.

Dette er derfor en alvorlig trussel, full av redsel, og bare tanken på den ville ta livet av oss, hvis ikke Den Hellige Ånd hadde lagt til den nødvendige trøst. For Han skiller mellom dem som kysser denne Sønnen, og dem som ikke kysser Ham. Derfor er Han vred og truer med undergang for dem som ikke vil kysse denne Sønnen, men som er stolte av sin egen rettferdighet. Men han erklærer dem salige som kysser Sønnen, de som er i frykt på grunn av sine synder, men likevel har håp på grunn av Guds Sønn. Slik gjorde englene en forskjell ved Herrens grav, da de sa til kvinnene, Matt. 28.5: *Frykt ikke!* For de var ikke kommet for å skremme dem som elsket og søkte Kristus, men for å skremme vaktene som hadde lovet fariseerne og yppersteprestene sin hjelp til å undertrykke Kristi ære. På samme måte som personene er forskjellige, er også budskapene forskjellige. Vredens og straffens prediken er imidlertid egnet for de forherdede og trygge. De må knuses med lovens hammer.

Det finnes så å si to riker: Det ene er djevelens rike, der menneskene er trygge, stolte og neglisjerer Gud og evangeliet. Den Hellige Ånd advarer dem om at de må kvitte seg med sin falske trygghet, ellers vil de gå fortapt på sin vei. Det andre er Kristi rike, der menneskene plages av bevisstheten om sin synd og frykter syndens straff, døden og Guds vrede. Men fordi de ser at Guds Sønn ble ofret for deres synder, har de håp om guddommelig barmhjertighet og nåde. Den Hellige Ånd trøster dem med det vidunderlige ordet:

Salige er alle som tar sin tilflukt til ham

Ta sin tilflukt betyr å håpe. Han underviser om den sanne tilbedelse av Gud: Å tilbe Gud betyr ikke noe annet enn å sette hele sin tillit til denne Kongen og å stole på hans hjelp og støtte mot døden, synden og djevelen. Ordet «håpe» forklarer altså det kysset som Han talte om ovenfor; som om Han ønsket å si: «Se denne Kongen, vær glad og lykkelig, og fyll ditt hjerte med gode tanker om Gud gjennom denne Sønnen, som Faderen presenterer for deg, for at du skal kysse ham. For alt annet i verden, selv det aller helligste liv, gode gjerninger eller din rettferdighet, vil gjøre deg trist, vil ikke gi deg trøst eller hjelp mot død og synd. Men i denne Sønnen finner du frelsens og trøstens kilde. Så ikke bare håp på Ham, men tro fullt og fast at du er velsignet når du tror på Ham.»

På denne måten beskriver denne salmen den himmelske religionen og den sanne tilbedelse sammen med den sanne kirke og Kristus, dens hode. Den viser at selv om menigheten er hemmelig og skjult i verden; og djevelen og de gudløse synes å herske, ja, til og med i vårt eget kjød, så seirer menigheten likevel til slutt. Den seirer gjennom troen på denne Kongen og den vil til slutt triumfere over djevelen og hele verden ifølge disse ord: *Salige er alle som tar sin tilflukt til ham.* I de store vanskeligheter som menigheten må kjempe med, likesom lidende og undertrykt fra alle kanter, må vi holde fast ved denne trøsten med begge hender, for at vi ved å stole på Kristus, Guds Sønn, kan bli frelst. Amen.